Dietmar Ströbel (Hrsg.)

O. S. Harnisch: »Hortulus«

Die vorliegende Dokumentation ist gleichzeitig Anlage zu:

Dietmar Ströbel
Notizen zur »Hofmusik« des Osnabrücker Bischofs Philipp Sigismund (1591-1623), Norderstedt 2021
(= MIT MUSIK LEBEN. Projekte zur Ästhetischen Praxis von Musikpädagogen in konzeptioneller Absicht [ZWISCHENTEXTE 11] / Projekt 3)

Ott Siegfried Harnisch

Hortulus
Lieblicher, lustiger und höflicher Teutscher Lieder
(1604)

Als Dokumentation herausgegeben von
Dietmar Ströbel

Bibliografische Information der Deutschen Nationalbibliothek:
Die Deutsche Nationalbibliothek verzeichnet diese Publikation in der Deutschen Nationalbibliografie; detaillierte bibliografische Daten sind im Internet über dnb.dnb.de abrufbar.

Satz und Notensatz: D. S.
© 2022 Dietmar Sröbel

Herstellung und Verlag: BoD – Books on Demand, Norderstedt

ISBN 978-3-7568-4026-7

Zur Einführung

Ott Siegfried Harnisch, der Autor des vorliegend dokumentierten „Liedergärtchens" ist der zweite der drei namentlich greifbaren Leiter des Osnabrücker bzw. Iburger Hofmusikkollegiums in der Zeit um 1600. In wesentlichen Teilen seines Wirkens als Musiker war er ein Mann der Schule (ähnlich, wie später Bach in Leipzig). Harnisch[1], um 1568/70 in der Nähe von Göttingen geboren und 1623 in Göttingen gestorben, ist zwischen 1585 und 93 (mit Unterbrechungen) als Student in Helmstedt nachweisbar. Nach Kantorentätigkeit, zwischen 1586 und 88 kurze Zeit in Braunschweig und nach dem Studium in Helmstedt, war er von 1594 bis 1600 in ebensolcher Funktion an der Großen Schule in Wolfenbüttel tätig. Dabei – und das dürfte vielleicht auch für Osnabrück wichtig sein – fungierte er ab Herbst 1597 „vermutlich" als Präzeptor der Kantoreiknaben am Herzogshof. Als solcher unterstand er der Weisung des Kapellmeisters Thomas Mancinus.[2]

Zwischen 1600 und 1603, also maximal vier Jahre, wirkte Harnisch als Kapellmeister am Hof von Philipp Sigismund, dem postulierten Bischof von Verden und Osnabrück. Hiekel nimmt als Dienstort (die) Iburg an und schließt dies aus dem Dienstort seines Vorgängers Nikolaus Zangius. Immerhin wäre denkbar, dass ein Mann wie Harnisch etwas mit der Vorgängerschule des späteren sog. Ratsgymnasiums zu tun hatte. Aber (auch) hier sind wohl die Akten verloren. Zwar erfolgte die Anstellung von Harnisch in einer Zeit, in der der Rat der Stadt Osnabrück und Philipp Sigismund auch juristisch um die neue Ratsschule kämpfen mussten. Doch wenn anderseits ein (den Bischof betreffendes) Osnabrücker Inventar von ca. 1600 einen „Kapellmeister mit drei Gesellen" aufweist, dann könnte dies auf Harnisch als „nur" oder „vor allem" Kapellmeister hinweisen; schließlich enthält auch der *Hortulus* Sätze mit drei Stimmen im oberen Register, die dann nicht mit Knaben aus der Ratsschule besetzt worden sein mussten. Gleichwohl gibt es Gründe zu der Annahme, dass die Sätze des „Hortulus" nicht nur innerhalb der hermetischen Situation am Hof in Iburg gebraucht wurden.[3]

---

[1] Vgl. H.-O. Hiekel, *Otto Siegfried Harnisch. Leben und Werk*, mschr. Diss., Hamburg 1958.

[2] Marie Tielemann, *Philipp Sigismund, Fürstbischof von Osnabrück und Verden, in seiner kulturellen Wirksamkeit (1586-1623)*, in Osnabrücker Mitteilungen…, 78. Band, Osnabrück 1971, S. 81-94, enthält (noch) die falsche Information, dass Harnisch auch in Celle tätig gewesen sei; Hiekel, in MGG (alt), Art. *Harnisch*, hat dies (und andere, noch von Bösken herrührende Irrtümer) korrigiert.

[3] Die Iburg (heute in Bad Iburg, südlich von Osnabrück gelegen) diente bis 1673 als Residenz der Fürstbischöfe von Osnabrück.

Der hiermit neu vorgelegte *Hortulus Lieblicher lustiger und höflicher Teutscher Lieder mit vier fünff und sechs sampt einem neuen Echo mit acht Stimmen*, der Philipp Sigismund gewidmet ist und in dem sich Harnisch als „Fürstl. Braunschweig. Oßnabrüg. vnd Veerdischer bestallten Capellmeister" bezeichnet, erschien 1604 in Nürnberg. (Vgl. die nebenstehende Abbildung.) Zwar wird Harnisch diesen Band noch als Kapellmeister zum Druck vorbereitet haben. Doch wie ein erhaltener Briefentwurf ausweist, wurde er 1603 vom Göttinger Rat als III. Lehrer für das Göttinger Pädagogium (und Kantor an der Johanniskirche) angefordert. Mindestens ab 1. Januar 1604 ist er dann in Göttingen nachweisbar. Der *Hortulus Lieblicher lustiger und höflicher [= höfischer!] Teutscher Lieder* dokumentiert wohl einen wesentlichen Teil dessen, was Harnisch in seiner Osnabrücker Zeit (bis 1603) entworfen hat. Er ist inhaltlich sehr „vielfältig" (wie Hiekel hervorhebt) und enthält Motetten und in der Mehrzahl Liedsätze mit Texten unterschiedlichen inhaltlichen Zuschnitts.

Davor hatte Harnisch dreistimmige aber auch vier- und fünfstimmige Lieder herausgegeben, z. T. an Regnart angelehnt, z. T. lateinische Oden (Universitätsmusik). Seine zwei Teile dreistimmiger *Neuer Teudscher Liedlein* von 1587 und von 1588 hat er 1591 zusammengefasst und durch einen dritten Teil „vermehrt" nochmals in Helmstedt herausgegeben. Ebenfalls in Helmstedt erschien im Jahr darauf der *Fasciculus novus selectissimarum cantionum[…] sex et plurium vocum* mit lateinischen Oden und Motetten. Wir können annehmen, dass demnach nicht nur der *Hortulus*, sondern auch das davor Komponierte in Iburg musiziert wurde. Im Gesamten entspricht das in den Drucken an weltlicher und geistlicher Vokalmusik Versammelte wohl (auch) dem Iburger Dienstbereich, in der Kirche, vor allem bei der Tafel und möglicherweise in der Kammer aufzuwarten. Allerdings sind die *Liedlein* und auch der *Fasciculus* bis heute ebensowenig neu ediert worden wie der *Hortulus*.

In Göttingen, wo Harnisch nicht nur als Lehrer am Paedagogium (einer zwischen Lateinschule und Universität rangierenden Bildungseinrichtung), sondern auch als Figuralkantor wirkte, widmete dieser anfangs die Hauptarbeit wohl der Ausarbeitung seines Lehrbuches für den Unterricht, seiner *Artis musicae delineatio*[4]. Die Herausgabe des *Hortulus* muss also wohl bereits in oder sogar vor 1603 vorbereitet worden sein; denn die Widmung an seinen Arbeitgeber weist nicht auf ein nahes Dienstende hin. Die Göttinger Schrift enthält in einem Anhang, speziell für die Lateinschule, eine *Brevis introductio musicae, pro incipientibus quartae classis Scholae Göttingensis accomodata*, die den Lehrstoff – u. a. die Solmisation – für die unteren Klassen in erotematischer Form darlegt.

---

[4] Zur Kontrapunkt- bzw. Kompositionslehre des O. S. Harnisch vgl.: Ernst Apfel, *Geschichte der Kompositionslehre. Von den Anfängen bis gegen 1700*, Band II, Wilhelmshaven 1981, S. 478 ff. Apfel skizziert zusammenfassend die Ausführungen Harnischs in dessen „als Syntax (Theorie der Tonverbindung) bezeichneten zweiten Teil über die Harmonie" (allerdings in einer schwierig nachzuvollziehenden Form.)

HORTVLVS

Lieblicher/lustiger vnd höflicher Teutscher Lieder / mit vier / fünff vnd sechs/sampt einem neuen Echo mit acht Stimmen/

Von neuen componiert / vnnd inn Truck gegeben

Durch

Otth–Sigfriden Harnisch/ Fürstl. Braunschweig. Oßnabrüg.vnd Veerdischen bestallten Capellmeistern.

TENOR.

Gedruckt zu Nürmberg durch Paulum Kauffmann.

M D C I I I I.

Titelblatt des Stimmbuches der Tenorstimme

Während seiner Göttinger Zeit gab Harnisch 1621 auch eine *Johannespassion* sowie danach eine *Auferstehungshistorie* heraus. Während erstere der Passionsvertonung von Mancinus nahesteht und (von Göttingen aus) Philipp Sigismund gewidmet wurde, stellt letztere eine Bearbeitung der entsprechenden Komposition des Antonio Scandello dar. Es gibt Gründe, anzunehmen, dass

7

auch die Passion aus Harnisch's Osnabrücker Zeit stammen könnte. Auf jeden Fall Göttinger Ausbeute sind aber die Liedsammlung *Rosetum Musicum[...]* von 1617 und eine *Psalmodia nova simplex et harmonica[...]*. Diese *Psalmodia nova* ist als ein Seitenstück zu Hasslers *Kirchengesäng simpliciter* zu betrachten, mit dem Cantus im Diskant *und* Tenor, zum Mitsingen der Gemeinde.

Da Harnisch kurz nach dreien seiner Töchter in Göttingen gestorben ist, nimmt man an, er und seine Kinder seien 1623 der Pest erlegen.[5]

*

Der *Hortulus* ist bisher nicht ediert; die 23 Entwürfe, die der Druck enthält, wurden vom Herausgeber in den 1980-er Jahren im Rahmen eines Arbeitsvorhabens zur „Regionalität" als Dimension musikpädagogischen Denkens an der damaligen Abt. Vechta der Universität Osnabrück spartiert. Dies geschah per Mikrofilm gem. einem Exemplar der gedruckten fünf Stimmbücher von 1604 der Niedersächsischen Staats- und Universitätsbibliothek Göttingen. In der hier vorgelegten und die ursprüngliche Notation möglichst getreu dokumentierenden Zusammenstellung dient das nochmals überarbeitete Notat als Projekt zum „Bearbeiten": als Grundlage für ein praktisches Versuchen und Urteilen durch angehende Musikpädagogen. Anzufertigen sind an ihm *Bearbeitungen für eine aktuelle Vokalpraxis*; diese beträfen nicht nur die Modernisierung u. a. in Hinblick auf Wortwahl und Rechtschreibung der Texte bzw. auf ihre mögliche Nachdichtung, sondern auch die je begründete Entscheidung über die Akzidentiensetzung sowie die Verdeutlichung der Artikulation (z. B. durch Bindebögen) und der metrischen Verhältnisse. Sicher kann man auch einige Sätze in eine für Laiensänger angenehmere Stimmlage transponieren. *Die vorliegende Dokumentation des 1604 Veröffentlichten versteht sich also als Vorlage zur Weiterarbeit für eine mögliche je aktuelle „Veröffentlichung" in praktischer Realisation.* Dazu ist es heute auch möglich, auf den Originaldruck zurückzugreifen; die Niedersächsische Staats- und Universitätsbibliothek Göttingen hat diesen (sowie die „Passio Dominica") als gemeinfrei über ihr Digitalisierungszentrum GDZ zugänglich gemacht.[6]

Die 23 Sätze des *Hortulus* sind in kleiner Besetzung und dabei (auch) chorisch in gemischten Stimmen auszuführen; sie bieten keine unüberwindlichen Schwierigkeiten. Lediglich die Stimmumfänge legen von Stück zu Stück z. T. unterschiedliche Besetzungen resp. Transpositionen nahe. Näheres ist aus der Auflistung der Schlüsselungen am Schluss des Notenteils ersichtlich. Interessant ist, wie eine musikalische Umbruchzeit sich niederschlägt in zum musikalischen Alltag der deutschen musikalischen Provinz gehörenden und trotzdem

---

[5] Die Pest spielt in den Biographien vieler Musiker der Zeit eine große Rolle: auch von Harnisch's Vorgänger Nikolaus Zangius wissen wir, dass er Danzig, wohin er von Osnabrück aus gegangen war, wegen der Pest scheinbar fluchtartig wieder verlassen hat.

[6] Freundliche Mitteilung der Bibliothek vom 12. 11. 2021; die Drucke sind auch über die Bibliothek der Hochschule Osnabrück einsehbar.

durchaus eigenwertigen Entwürfen. Man kann dies unschwer im Vergleich zu Michael Praetorius an Melodie und Satz zu „Herzlich tut mich erfreuen", Nr. 2 im folgenden Notenteil, feststellen. Zwar steht deren geistliches Kontrafakt bei Praetorius satztechnisch um einiges über der Anlage Harnischs. Gleichwohl ist auch der Satzanlage des Osnabrückers mit einer scheinbar(!) eigenen Melodie ein gewisser Reiz abzugewinnen, vielleicht im Besonderen dann, wenn man die ursprüngliche Akzidentiensetzung befolgt, die uns heute etwas fremdartig erscheint.[7] Auch wenn wir einige Liedtexte heute nur schwer in einen plausiblen situativen Kontext einordnen können, die Tatsache, dass jeder Satz von einer je eigenen Satzidee ausgeht und diese zu einem stimmigen Ganzen ausarbeitet, lässt die Sätze auch heute noch für Ensembles singenswert erscheinen.[8]

Dabei darf es als vollkommen unerheblich erscheinen, ob alle Sätze wirklich von Harnisch stammen. Hiekel interpretiert das eingedruckte „Incerti" bei der Nr. XVIII als Hinweis, dass der betreffende Satz nicht von Harnisch stamme. Die Frage stellt sich – und die findet man bei Hiekel nicht diskutiert – ob das „Incerti", als ein Pluralwort verstanden, nicht auch die dem Entwurf Nr. 18 folgenden fünf Stücke einschließen könnte. (Es wird wohl weniger als Dativ i. S. einer Widmung zu verstehen sein; auch Praetorius verwendet in seinen Verzeichnissen das „Incerti" als Hinweis auf eine unbekannte Autorschaft.) Doch scheint die Tatsache entscheidend, dass alle 23 Sätze in der Edition von 1604 versammelt sind und damit einen kleinen Ausschnitt dessen dokumentieren, was um 1600 in Iburg bzw. Osnabrück (und möglicherweise in Rotenburg/Wümme bzw. Verden und später in Göttingen) musiziert wurde. Genau dies hat Harnisch ja mit seiner Edition zusammengestellt. Davon spricht auch die Widmung an seinen Fürsten und Herrn.

In ihr verdeutlicht er, dass er seine Lieder, die von ihm „zu unterschiedlichen zeiten componirt" worden seien und die er neben „Geistlichen vnd Weltlichen Gesängen" „anderer Autoren" zum Wohlgefallen seiner fürstlichen Gnaden „für dero Fürstlichen Tafeln vnd sonsten[...] gebraucht" habe, nun (auf Anraten „etlicher der Music Liebhaber vnd guter Freunde") drucken lasse und dem Bischof zueignen wolle. Denn schließlich habe dieser dieselben „offtmals angehört und darob gnädiges gefallen getragen". Mit der Bitte, solches in Gnaden anzunehmen, seine (= Harnischs) Dankbarkeit zu bemerken und weiter sein Arbeitgeber zu bleiben, wünsche er dem Bischof Gottes Schutz, eine lange Gesundheit und eine glückliche Regierungstätigkeit.

---

[7] Zum Verhältnis der beiden Melodien (und Sätze) vgl. meine Studie: *Notizen zur »Hofmusik« des Osnabrücker Bischofs Philipp Sigismund (1591-1623), Anmerkungen zu Kompositionen von Nikolaus Zangius, Ott Siegfried Harnisch und Daniel Selich (Selichius)*, Norderstedt 2021, S. 65 ff.
[8] Zur Interpretation der fünfstimmigen Sätze als möglicherweise „politisch" gemeinte vgl. den „Exkurs(2)", ebenda, S. 103 ff.

DEM Hochwürdigen /
Durchleuchtigen / Hochgebornen Fürsten vnd
Herrn / Herrn Philip Sigismund / Postulierten Bischoff dero
Stifften Oßnabrüg vnd Veerden / Thumbprobsten zu Halber‍stadt / Hertzogen zu Braunschweig vnd Lüneburg / Meinem
Gnädigen Fürsten vnd Herrn.

Ochwürdiger / Durchleuchtiger / Hochge‍borner Gnädiger Fürst vnnd Herr / Demnach auff
erinnerung vnnd begeren etlicher der Music Lieb‍haber vnd guter Freunde / ich noch mehr Teutscher
Lieder / mit vier / fünff vnd mehr Stimmen / so von
mir zu vnterschiedlichen zeiten componirt / zu pu‍bliciren vnd in Truck zuverfertigen / bewogen vnd
entschlossen bin / vnd aber zu E. F. G. gnädigem
Wolgefallen / ich solche Lieder eins Theils / beneben
anderer Autorn herzlichen / beides Geistlichen vnd Weltlichen / Gesängen / für
dero Fürstlichen Tafeln vnd sonsten / ein zeit hero in vnterthänigen Diensten
gebraucht / vñ dieselben E. F. G. allbereit gleich als consecriret vnd zugeeig‍net habe / wie dann E. F. G. dieselbige auch mit Fürstlicher zuneigung offt‍mals angehört / vnd darob gnädiges gefallen getragen: Als habe in offenem
Truck auch niemands anders / dann E. F. G. allein / von welcher mir sonst
auch grosse Wolthaten vnnd alle Gnad miltigklich widerfahren / Ich er‍meldte dise meine Composition vnd Lieder dediciern vnd zuschreiben sollen /
mit vnterthäniger bitt vnd zuversicht / E. F. G. wölle solches inn Gnaden
von mir auff vnd annemen / dabey auch mein danckbars gemüt vnd demü‍tigen willen gnädiglich vermercken / vnd hinfüro / wie bißher / mein Gnädi‍ger Fürst vnnd Herr sein vnnd bleiben. Thue hiemit E. F. G. Göttlicher
Allmacht schutz / zu langwiriger Leibes Gesundheit / vnd glückseliger Re‍gierung / Mich aber derselben zu Gnaden in vnterthänigkeit / befelhen.

E. F. G.

Vnterthäniger gehorsamer Diener
vnd Capellmeister /

Otth-Sigfrid Harnisch.
A A ij

Zueignung an Philipp Sigismund und Vorwort des Komponisten

Der uns heute umständlich erscheinende Text, der im Übrigen Harnischs
auch auf die Zukunft gerichtete Noch-Anstellung bei der Vorbereitung dieser
Ausgabe bestätigt, verwendet einige Formeln, wie sie in solchen Vorworten
üblich waren und wie sie hier z. T. an eine Widmung seines Vorgängers Zangius erinnern. Doch sind sie gleichwohl je nicht ohne Grund eingesetzt.

In seinen Veröffentlichungen entwarf Harnisch ein Singen mehrheitlich im Sinn von Lied; das trifft auch auf den *Hortulus* zu. Doch bedeutet „Lied" in dieser Zeit sowohl textlich als auch musikalisch ein sehr weites Feld: einerseits vom geistlichen Lied zu erzählten lustigen Begebenheiten und an italienischen Formen angelehnten Ratschlägen und Erfahrungen in Liebesdingen; anderseits vom kontrapunktisch empfundenen Kantionalsatz bis zum quasi motettisch ausgeweiteten Satz und anderseits zum homophonen Deklamieren in kurzen Zeilen und rhythmischer Variabilität. Elf der Sätze sind vierstimmig und neun fünfstimmig entworfen; den Abschluss bilden zwei sechsstimmige Sätze sowie ein doppelchöriges (= achtstimmiges) Echostück, wie es damals (im Nachgang u. a. zu Lasso) allgemein beliebt war.

Nach Hiekel, der die Vielfältigkeit dieses »Gärtleins« hervorhebt, verwenden sieben Sätze geistliche und sieben Sätze altdeutsche Texte; von den letzteren lassen sich sechs auch in anderen Quellen oder Sammlungen nachweisen; viele besitzen – wie die Aufstellung am Schluss des Bandes ausweist – einen formal italienisch orientierten Text, in der Mehrzahl wohl von Regnart beeinflusst; hinzu kommt ein lateinischer Text. Von den im weitesten Sinn liedmäßigen Sätzen sind einige nur einstrophig, während andere mehrere Strophen dem einstrophig auskomponierten Satz unterlegen.

Die unterschiedlichen Schlüsselungen der einzelnen Sätze (wie sie der „Bericht" am Schluss des Notenteils hier verzeichnet) weisen auf unterschiedlich zusammengesetzte Ensembles, mit denen möglicherweise zu unterschiedlichen Gelegenheiten und an unterschiedlichen Orten aufzuwarten war. Gleichzeitig weisen sie auch auf einen Gebrauch durch unterschiedliche Körperschaften innerhalb der Stadt. Einige Entwürfe (4, 6, 7, 9, 13, 15, 19, 21 und 23) sind spezifisch für hohe Stimmen geschrieben, denen meist nur ein Tenor oder Bariton hinzugefügt ist. Dies lässt einerseits auf eine Ausführung *mit* Sängerknaben, anderseits und näherliegend *von* Sängern der Ratsschule innerhalb entsprechender Situationen schließen. Zu denken wäre u. a. an einen innerschulischen Gebrauch, an das Kurrendesingen sowie ein solches zu Begräbnissen und Hochzeiten.[9] Solches liegt (vom Text her) nicht nur für die Entwürfe 7, 9 und 19 (= Psalm 128[10]) nahe, sondern gerade auch für die humanistische „Motette" (21) sowie für das Echostück (23), das ohne Bassschlüssel notiert ist

---

[9] Wenn Hiekel feststellt, dass Harnisch in seinen Ämtern immer mit pädagogischen Stellen verbunden war – 1594-1600 als Kantor an der Großen Schule in Wolfenbüttel und 1604 bis 1623 als Kantor an der Johanniskirche und gleichzeitig 3. Lehrer am Göttinger Paedagogium – dann drängt sich die Frage auf, ob nicht auch seine Stelle beim Bischof von Osnabrück etwas mit (zumindest) der Organisation der Ratsschule zu tun (gehabt) haben könnte. Da sein Dienstherr ja auch öfters sich zu Dienstgeschäften in Osnabrück aufhielt und dabei im Barfüßer-Kloster wohnte – der Dombereich war ihm ja versperrt –, kann Harnisch dabei durchaus auch in einer der Osnabrücker evangelischen Kirchen (mit Hilfe von Sängern der Ratsschule) tätig geworden sein.

[10] ...entsprechend der Kirchenordnung des Hermannus Bonnus als Hochzeitsgesang vorgeschlagen.

und ungewöhnlich viele hohe Stimmen erfordert. Eine besondere Bedeutung kommt darin einer Art Gratulatio oder Huldigung für Philipp Sigismund (13) zu; der Satz für zwei Sopran- und zwei Altstimmen sowie eine Männerstimme stellt wohl ein politisches Statement des Rates dar, das uns einen Blick unmittelbar in die Auseinandersetzung über den Fortbestand der evangelischen Lateinschule des Rates (des später sog. Ratsgymnasiums) am Beginn des 17. Jahrhunderts erlaubt. Der Text legt nahe, diesen Entwurf eventuell auch mit Feierlichkeiten *zum zehnjährigen Jubiläum des Philipp Sigismund als Bischof von Osnabrück (1601)* in Bezug zu setzen.

Einen ähnlichen Zusammenhang, jedoch in einem anderen Ambiente, würde auch der Satz Nr. 14 erlauben. Dieser gehört aber zu den Entwürfen (1-3, 8, 14 und 17), die im Cantus nicht (oder nur geringstfügig) über *c″* hinausgehen. Bei diesen liegt ein Ensemble von Männerstimmen (vielleicht) mit einem Falsettisten nahe. Und ein solches könnte in Zusammenhang stehen mit den „Ehrlichen zusammenkünfften", von denen Harnisch später, auf seine Osnabrücker Zeit zurückblickend, spricht.[11] In ihnen habe man die Sätze des *Hortulus* „zur fröligkeit gebraucht / vnd nicht wenig darob gefallen getragen". Vielleicht gehen wir nicht fehl, wenn wir hinter den „Ehrlichen zusammenkünfften" so etwas wie ein „vor-läufiges" Bemühen um annehmbare Formen kultureller Äußerung vermuten, die im Laufe des 17. Jahrhunderts in vielen Städten (auch von Regierenden) initiiert wurden und später als sog. Sprachgesellschaften bekannt wurden. Dies würde auch den seltsamen Zusammenhang von Nr. 2 mit einem Satz des Michael Praetorius als eine Art Experiment erhellen.[12] Vergleicht man die beiden Texte der Entwürfe 13 und 14 – letzterer schließt ja ebenfalls eine Art Segenswunsch an den Landesherrn ein –, dann wird deutlich, wie notwendig es am Beginn des 17. Jahrhunderts sein konnte, sich um eine überzeugende sprachlich Dichtung u. a. in der Landessprache zu bemühen. Gleichzeitig fällt der Entwurf Nr. 21, *Dulcis memoria et suavis recordatio*, auf, ein Satz aus der ersten Gruppe. Denn der Text, wohl kein klassischer la-

---

[11] Vgl. Vorwort zur Sammlung *Rosetum*, die Harnisch von Göttingen aus 1617 in Hamburg erscheinen ließ. Im Rahmen seiner Dedikation (Tenorstimmbuch, Vorwort) erinnert er seinen „gnädigen Fürsten und Herrn Friederich Ulrich / Hertzogen zu Braunschweig vnd Lüneburg", dass er „in vergangenen Jahren bey vnwirdiger verrichtung Fürstl. Braunsch. Oßnabrüg: vnd Verdischen Capellmeister Dienstes" den „Hortulum etzlicher Geistlicher und Politischer cantionum" herausgegeben habe. Möglicherweise meint der Begriff „Politische" hier mehr als nur „weltliche" [Lieder]; vgl. hierzu Ströbel, *Notizen…*, 2021, Ss. 103-106.

[12] Zwar erschien der Satz des Praetorius (als Wolfenbütteler Hofkapellmeister) im Rahmen der *Musae Sioniae*-Bände erst nach Harnischs Osnabrücker Zeit im Druck. Doch können wir davon ausgehen, dass Philipp Sigismund sich stets auch Abschriften der neuesten und noch nicht veröffentlichten musikalischen Materialien aus Groningen (wo Praetorius ab 1594 als Kammerorganist bei Heinrich Julius wirkte und wohl den größten Teil jener Sätze bereits entwarf, die er später in den *Musae Sioniae* veröffentlichte) und dann aus Wolfenbüttel (wo Praetorius ab 1604 als Kapellmeister wirkte) senden ließ.
Zum Vergleich des Satzes mit dem des Praetorius' vgl. Ströbel, *Notizen…*, Ss. 65-70.

teinischer Spruch, stammt offensichtlich aus dem Zusammenhang einer *Ars moriendi*.[13]

Die übrigen acht Entwürfe (5, 10-12, 16, 18, 20 und 22) weisen eine „normale" Verteilung der Tonräume auf, wie wir sie für die Stimmen Sopran bis Bass in etwa auch heute gewohnt sind. Die Sätze können sowohl von einem spezifisch höfischen Ensemble ebenso wie von den beiden angesprochenen Gruppen genützt worden sein. Doch erscheinen sie wie Entwürfe für besondere Gelegenheiten, an denen der Bischof repräsentativ beteiligt gewesen sein mag. Dabei fällt der Blick nochmals auf den Entwurf Nr. 14, „Ach Winter kalt", eine Klage über den „Winter", wie sie wohl damals allgemein als eine Metapher für die Klage über zu verbessernde Zustände im Lande und im Gegensatz zu einer „Sommerzeit" (Strophe 2) gebraucht wurde, die schließlich in einen Segenswunsch für den „gnädigen Fürsten" mündet, der offensichtlich die „großen Gaben bescheret" hat. Der Satz unterscheidet zwei unterschiedliche Ensembles: während im ersten Teil (den beiden Stollen) nur vier „Oberstimmen" (ohne Bass) singen, verhält sich im fünfstimmigen zweiten Teil der Alt wie ein Tenor, der die Grenze c' nur einmal zu d' hin überschreitet; es singen also im Abgesang tatsächlich drei Männerstimmen. Aber auch die Oberstimmen reichen (im ganzen Satz) nur dreimal bis d''.

Es sieht so aus, dass Harnisch seinen *Hortulus* aus sozusagen zwei, wenn nicht drei Repertoires zusammengestellt hat, wobei er jeder Besetzung alle für ihren Dienst wesentlichen Inhaltsbereiche (Gotteslob, Liebe, Moral, Humor) zugestand. Selbst die drei mehr als fünfstimmigen Sätze gehören zwei unterschiedlichen Stimmbesetzungen an. Dies lässt vermuten, dass die Gruppierung innerhalb der Druckedition eigenen Gedankengängen folgt. Der Beginn mit einem geistlichen Lied (1) versteht sich wohl ebenso absichtsvoll, wie die „Handlung" der Entwürfe 9 bis 11 als Bitte um Gottes Hilfe (9), Zusage des Herrn für eine gute Zukunft (10) und schließlich eine Art Glaubensbekenntnis als Dank (11). Über die Platzierung der Gratulation als Nr. 13 (= 12 + 1) sowie über die beiden als Hochzeitsgesänge gebrauchten Entwürfe 19 und 20 am Schluss der fünfstimmigen Sätze lässt sich ebenso spekulieren, wie über die Reihung der mehr als fünfstimmigen Sätze am Schluss: das Schluss-„Echo" mit seinen alternativen Textabschnitten fasst ein weltliches und geistliches

---

[13] Eine Wiener Diplomarbeit von Yvonne Silke Jäger (*Die Steinätzung von Rosegg. Ein Beitrag zur Ars moriendi des 16. Jahrhunderts*, Uni Wien, 2010) beschreibt diesen Text innerhalb einer Steinätzung in Rosegg in einem entsprechenden Zusammenhang. (Freundlicher Hinweis von Prof. Dr. Bernd Schneider, Osnabrück/Berlin) Gleichzeitig erscheint eine wohl früheste Komposition des Textes als „Doulce memoire en plaisir consommé" von Pierre Regnault Sandrin als Tabulatur für Tasteninstrumente in einer Danziger Sammelhandschrift von 1591. (Wikipedia, Art. „Gdansk Tablature"). Sandrin war Sänger im Dienst von Ludwig XII., danach zeitweise von Franz I. und u. a. 1554 „Maestro di capella" bei Hippolyte d'Este, Kardinal von Ferrara. Der Text, ein Epigramm, wird Clément Marot zugeschrieben und/oder könnte mit der Gefangenschaft des französischen Königs (nach der Schlacht bei Pavia) in Italien zusammenhängen.

Singen zusammen. Und der Satz davor, „Ich stund an einem Morgen", erscheint wie ein Abgesang auf die Zeit in Osnabrück bzw. Iburg.[14]

*

Gemeinsam (bis auf eine Ausnahme) ist den Entwürfen der Ausgang von einer vers- und strophenmäßig entworfenen Dichtung. Gemeinsam ist ihnen aber auch – und im folgenden seien für diejenigen, die meine „Notizen zur Hofmusik des[…] Philipp Sigismund" nicht vorliegen haben, einige Abschnitte daraus referiert –, dass die Singenden sich zwar nicht gegen das Metrum und die Zahl der Hebungen verhalten müssen, dass sie aber die musikalischen „Zeilen" quantitativ frei in eigenen Größen ausbilden und dass das singende Verhalten sich quasi eines (noch bzw. schon quasi-)körperlichen Mitgehens versichert. Für deren rhythmische Gestaltung als ein Mitgehen bildet zwar der *tactus* die Grundlage, gedacht oft als „gültige" Größe im Hintergrund. Über weite Strecken aber beobachten wir eine Betonungsordnung, die sich von diesem Hintergrund absetzt, gleichzeitig aber noch auf keinem akzentuierten Taktsystem „basiert". Da die Singenden die rhythmische Gestaltung ihres Singens (scheinbar) noch unabhängig aus dem Aussprechen heraus formen, wurde bei den Übertragungen die Taktstrichsetzung nur angedeutet, um die Singenden dazu zu bewegen, ihre Akzente aus der eigenen *actio* zu setzen.[15]

Gleich am ersten Stück, einem motettisch hergerichteten und erweiterten Glaubenslied-Satz zu „O Gott, wir danken deiner Güt" fällt uns solches auf. Zwar mag der „schwere" Auftakt auch von Harnisch's Melodievorlage herrühren, doch gewichtet Harnisch das „O Gott" harmonisch wie einen Auftakt hin zu einer Art Tonika (des zweiten Klanges), belässt beide aber gleichzeitig in der Haltung des abtaktigen Aus- und Anrufs „O", aus dem heraus sich der jambische Text fast in einer Art Gegenrhythmus des Dreivierteltaktes anschließt. Anderseits finden wir im Abgesang auch eine übergeordnete Dreierordnung (fast) im Sinn eines Dreihalbetaktes, die sich mit Zweivierteleinheiten abwechselt.

Harnischs Entwürfe können wir (überregional) als Beispiel für einen Übergang ansehen. Singen erscheint hier noch „sowohl-als-auch": als Vermitteln von Sprache in die Ausstattung einer Situation, als Träger derselben also, der aber in der rhythmischen Wendigkeit und Biegsamkeit den Singenden und Mit-Singenden bereits ermöglicht, das „Aussprechen" wie aus sich heraus gesamtkörperlich und quasi „selbst"-aussprechend mitzuvollziehen. Gleichzeitig scheint die Eigengesetzlichkeit des Singens mitunter auf das Hervorkehren von Bedeutsamkeit einzelner Worte zu zielen und einzelne sprachliche Wendungen bewusst hervorzuheben. Man „vollzieht" im angesprochenen I. Satz

---

[14] Zu einer möglichen Interpretation der fünfstimmigen Sätze vgl. Ströbel, *Notizen…*, S. 88 f. und S. 103 ff.

[15] Über einige Ungereimtheiten in den Übertragungen, die den mir unlösbaren Rätseln des Notationsprogramms **finale** geschuldet sind, bitte ich freundlich hinwegzusehen.

regelrecht die „Verbeugung" des Cantus auf „O Gott, wir danken" und kann gleich darauf Gottes Langmut in „deiner Güt" verdeutlichen. Ein solches Singen wird ja die evangelische geistliche Musik im Norden im 17. Jahrhundert besonders auszeichnen.

Deshalb ist es auch nicht verwunderlich, wenn wir textlich – vgl. die Aufstellung im „Bericht" am Schluss der Dokumentation – in den hier versammelten Entwürfen (nach Hiekel) zwar die Begriffe „Kanzonette" und „Madrigal" finden, wir aber eine entsprechend „leichte" Kompositionsweise nicht ausmachen können. Während Regnart „das Versmetrum musikalisch getreu projizierte und jeweils im prädikativen Teil der Aussage, an den Schlüssen, […] den melodisch-rhythmischen Bewegungsduktus auf die Gefühlsgehalte des Textes abstimmte", versucht Harnisch „den Text musikalisch wie natürlich gesprochene Sprache nachzuvollziehen und andererseits den Gefühlsgehalt durchgehend detailliert zu interpretieren".[16] Harnisch – so der Eindruck – scheint dem Übertragen des Versmetrums in eine variable Rhythmik verhaftet, wie wir dieses aus dem deutschen Lied des 16. Jahrhunderts kennen. Auf diese Weise versucht er (zumindest), den Singenden dem *von ihnen* ausgesprochenen Wort je eine eigene Bedeutsamkeit zukommen zu lassen.

*

Harnisch und sein *Hortulus* mit seinen Liedern und Motetten sind in eine für den „kleinen" Hof ebenso wie für die Stadt brauchbare norddeutsche Kantoreitradition einzuordnen, die aus einem Vorsatz, seinen Arbeitgeber und dessen Region mit einem möglichst vollkommenen Singen innerhalb „ihrer" Lebenssituationen auszustatten, entworfen sind. Dies kann manchmal „schlichte", aber es muss keine „schlechte" Musik sein. „Dies war ein nicht gemeiner Musicus" urteilte man in Göttingen noch um 1700: „Inter Cantores nostros emenuit O. S. Harnisius".[17] Er war wohl einer der „wohlgelahrten" Kantoren, einer unter den vielen jedoch, die z. T. anonym blieben, die nicht gerade neue Wege ebneten oder mitgingen. So blieb Harnisch dem Chorlied und -satz der deutschen Tradition des 16. Jahrhunderts verhaftet, auch wenn er sich z. T. moderner Texte im Sinne der italienischen Villanelle oder Kanzonette bediente und auch der Regnart'schen Engstimmigkeit (mit drei Oberstimmen) huldigte.

Bleibt zu wünschen, dass zumindest einige der Entwürfe des Ott Siegfried Harnisch in einer heute praktizierbaren Form von Studierenden und späteren Chorleitern aufgegriffen werden und ihren Weg in die Praxis der Vokalensembles in Niedersachsen finden.

Dietmar Ströbel / Osnabrück 2022

---

[16] Vgl. Diskussion und Vergleich mit Regnart bei Hiekel 1958, S. 161 ff.; Zitat: S. 165.
[17] Vgl. Hiekel 1958, S. 51.

Register über nachfolgende Gesänge.

Mit vier Stimmen.

Mit fünff Stimmen.

Mit sechs Stimmen.

Mit acht Stimmen.

I. O Gott wir dancken deiner güt

Eh - re/ Eh - - - - re.
trau - en/ trau - - - - en.
A - men/ A - - - - men.

Eh - re/ dir sey Lob, Preiß und Eh - re.
trau - en/ inn e - wig - keit ver - trau - en/
A - men/ dich e - wig prei - sen A - men.

__ vnd Eh - re/ dir sey Lob, Preiß und Eh - re.
__ ver - trau - en/ inn e - wig - keit ver - trau - en.
- sen A - men/ dich e - wig prei - sen A - men.

Eh - re/ dir sey Lob, Preiß und Eh - re.
trau - en/ inn e - wig - keit ver - trau - en.
A - men/ dich e - wig prei - sen A - men.

II. Hertzlich thut mich erfreuen

Hertz - lich thut mich er - freu - en/ die frö - lich Som - mer - zeit/
Der Ku - ckuck mit seim schrey - en/ macht frö - lich je - der - man/
Es gru - net in dem wal - de/ die bäum - lein blü - hen frey/

all mein ge - blüt ver - neu - en/ der May vil wol - lust geit/
deß a - bends frö - lich Rey - en/ die Mägd - lein wol - ge - than/
die röß - lein auff dem Fel - de/ von Far - ben man - cher - ley/

die Lerch thut sich er - schwin-gen/ mit j - rem hel - len Schall/
spat - zie - ren zu dem Brun - nen/ pflegt man in die - ser zeit/
ein Blüm - lein steht im Gar - ten/ das heist ver - giß nicht mein/

lieb - lich die Vög - lein sin - gen/ dar - zu die Nach - ti - gal.
all Welt sucht freud vnd won - ne/ mit räi - sen fern vnd breit.
das e - dle Kraut Weg - war - ten/ macht gu - ten au - gen-schein.

Die Vorzeichen *fis* statt *f* sind alle original; sie resultieren aus einer regelgerechten Führung der Einzelstimme; sie ließen sich in der Ausführung durchaus durch *f* ersetzen. Ausgenommen ist nur das *fis* im Altus, Takt 15, bei dem wohl die harmonische Begründung überwiegt.

III. Mein Hertz vnd G'müt

Mein Hertz vnd G'müt/ mein Hertz vnd G'müt/ ist gar in
Nur dich al - lein/ nur dich al - lein/ hab ich mir
Laß mich Hertz - lieb/ laß mich Hertz - lieb/ dich nicht lieb
Ach Ve - nus mild/ ach Ve - nus mild/ laß doch er—

IIII. O unbarmherzigs Feu'r

O vn - barm - her - tzigs Feur/ der Lie - be vn - ge - heur/
Cu - pi - do klei - nes kind/ wie fährst gegn mir so g'schwind/
Hertz al - ler - lieb - stes Bild/ wenn wird mein seufftz ge - stillt/
O wun - der - schö - nes Liecht/ O hold - se - ligs Ge - sicht/

was thust du mir für pla - gen/ was machst du mir für kla - gen?
O Für - stin groß der Lie - be/ so sehr mich nicht be - trü - be/
so ich zu dir thu wen - den/ vmb hülf - fe mir zu sen - den/
dein ro - sen - far - be Wan - gen/ habn mir mein Herz durch - gan - gen/

mit so vil - fäl - tigm schmer - tzen/ in meim ver - wun - dten Her - tzen.
soll ich dein brunst er - lei - den/ laß mich die Liebst nicht mei - den.
weil ich dich lieb in eh - ren/ ach thu mich doch er - hö - ren.
thu doch bald end - schafft ge - ben/ be - gier nimpt sonst mein Le - ben.

*) Die Halbepause am Beginn ist original; bei der Wiederholung des ersten Abschnitts ist sie wohl
zu übergehen.

V. Ich gieng mir nechten Abend spat

»Bergreyen«

Ich gieng mir nech-ten A-bend spat/ zu ei-ner schö-nen Jung-
Mit freund-lich'n wor-ten ich sie bat/ ob sie mich lieb wol-te

frau — en/ sie sprach, ich hab mein kein ge-walt/ geh hin vnd frag mein Mut-ter
ha — ben/

bald/ sie thut dirs nicht ver-sa — gen/ sie thut dirs nicht

*)ver-sa — — — — — — —gen.
—gen.

*) Takt 17: im Tenor der Vorlage ist die erste Halbenote *d*; das letzte Achtel *a*

24

VI. Freuntlicher Helt

Freund - lich er Helt/ dich hat er - wehlt/ mein Hertz zu trost vnd
Mein höch - ster Hort/ brich nit dein wort/ das du zu mir thetst
In ho - hem Wonn/ scheint mir die Sonn/ so ich hertz– lich an –

freu - den/ durch seh – nen ist mein Hertz ver - stellt/ so ich von
sa - gen/ da ich dir klagt meins Her - tzen not/ ich muß sonst
schau dich/ wol es mir doch sel– ten ge - schicht/ so sind mein

dir muß schei - den/ doch bleibt bey dir/ mein Hertz mit gier/ der-
gar ver - za - gen/ dann mich auff Erd' nichts hö - her freut/ dann
freud gantz ent - wicht/ schafft alls die zeit/ vor lan - gem geit/ die-

gleich thu dich er - zei - gen/ die - weil ich leb/ nicht von dir streb/
wann ich thu er - mes - sen/ was freud vnd gunst/ ich von dir hab/
weil ich mich er - ge - ben/ ach glück schick bald/ ein bes - ser ziel/

mein Hertz ist gantz dein ei – gen.
kein zeit kan ich ver - ges – sen.
der hoff - nung will ich g'le – ben.

VII. Hans mein, was trägst du in dem Sack

VII. Hans mein, was trägst du in dem Sack

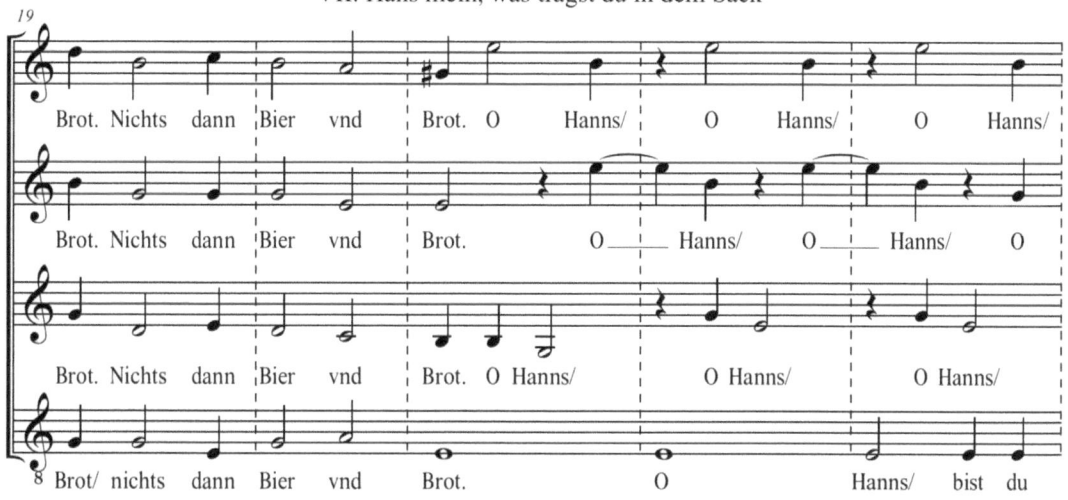

VII. Hans mein, was trägst du in dem Sack

Sack? Bier — im Sack? Bier — im Sack? Ja hör mein lie-ber

Sack? Bier im Sack? Bier im Sack? Ja hör mein lie-ber

Sack? Bier — im Sack? Bier im Sack? Ja hör mein lie-ber

Sack? Bier im Sack? Bier — im Sack? Ja hör mein lie-ber

Jas - per hör mein lie - ber Jas - per/ du must es so ver– stehn/ du

Jas - per hör mein lie - ber Jas - per/ du must es so ver– stehn/ du

Jas - per hör mein lie - ber Jas - per/ du must es so ver– stehn/ du

Jas - per/ ja hör mein lie - ber Jas - per/ du

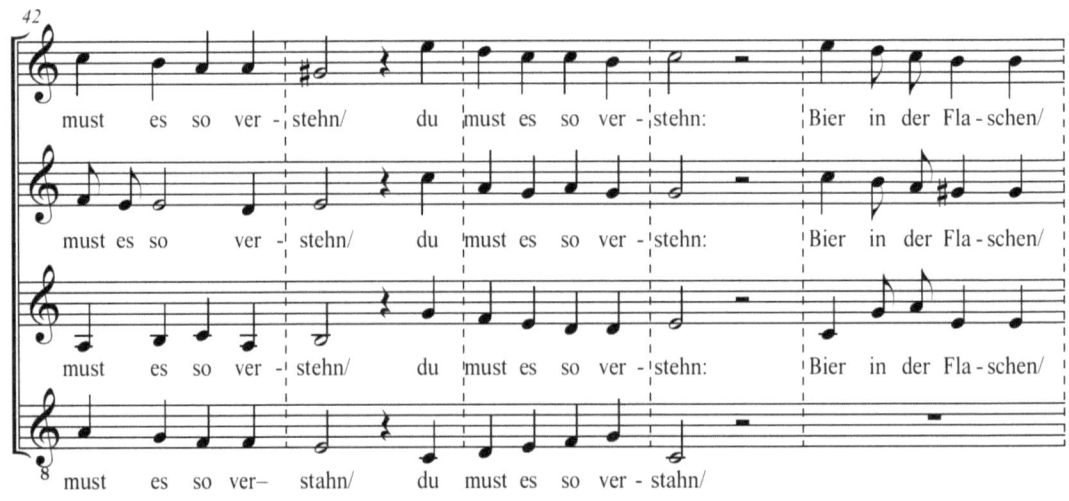

must es so ver -stehn/ du must es so ver -stehn: Bier in der Fla -schen/

must es so ver -stehn/ du must es so ver -stehn: Bier in der Fla -schen/

must es so ver -stehn/ du must es so ver -stehn: Bier in der Fla -schen/

must es so ver– stahn/ du must es so ver -stahn/

Brot in der Ta - schen/ Bier in der Fla - schen/ Brot in der Ta - schen/ vnd

Brot in der Ta - schen/ Bier in der Fla - schen/ Brot in der Ta - schen/ vnd

Brot in der Ta - schen/ Bier in der Fla - schen/ Brot in der Ta - schen/ vnd

Brot inn der Ta - schen/ Brot in der Ta - schen/ vnd

so in dem Sack/ vnd so in dem Sack.

so in dem Sack/ vnd so in dem Sack.

so in dem Sack/ vnd so in dem Sack.

so inn dem Sack/ vnnd so in dem Sack.

1.) Am Beginn zeichnet der Cantus Alla Breve vor, die anderen Stimmen (einschl. des Cantus in Takt 35) haben das Zeichen für den 4/4-Takt(C); gleichzeitig tragen letztere den Vermerk »Correctum«.
2.) In den Takten 30 bis 34 wurden hier die Notenwerte gegenüber der Vorlage bereits halbiert.

VIII. Er setzt das Gläßlein an den Mund

Er setzt das Gläß - lein an den Mund/
Er hat sein ding all recht ge - than/ } tum-mel dich guts Wein - lein/
Frischauf gut g'sell laß rum - mer gan/

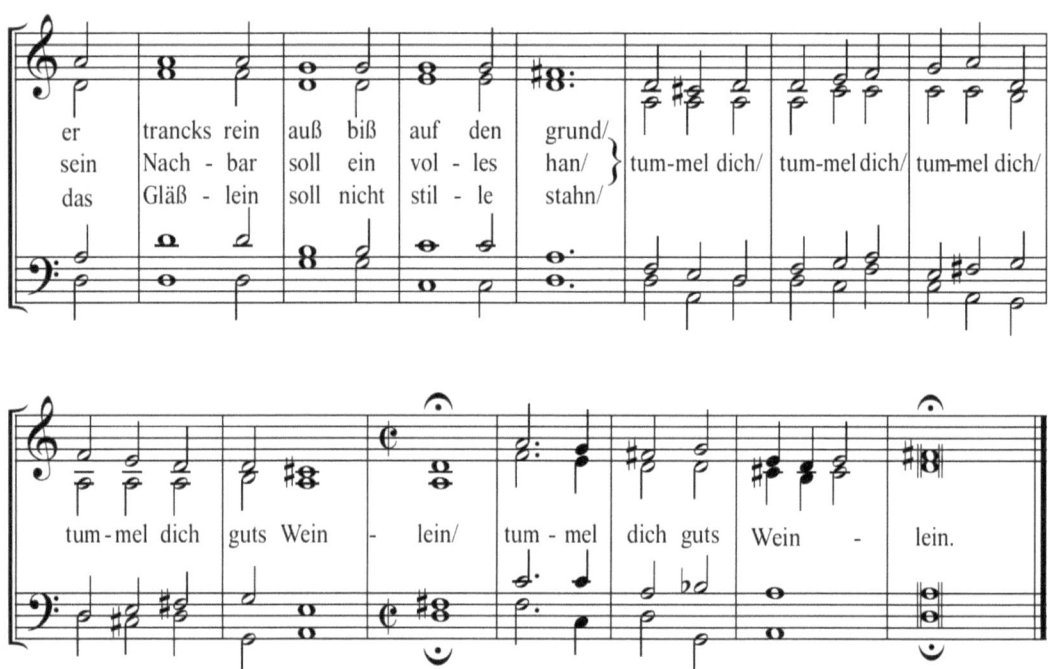

er trancks rein auß biß auf den grund/
sein Nach - bar soll ein vol - les han/ tum-mel dich/ tum-mel dich/ tum-mel dich/
das Gläß - lein soll nicht stil - le stahn/

tum-mel dich guts Wein - lein/ tum - mel dich guts Wein - lein.

IX. Hilf Gott in dieser b'trübten Zeit

1. Hilff Gott inn di - ser b'trüb - ten zeit/ dein An - g'sicht wend
2. Du bist barm - her - tzig, gnä - dig, mild/ den Sün - der nicht
3. So wöl - len wir von Her - tzen grund/ danck - sa - gen dir

1. Hilff Gott inn di - ser b'trüb - ten zeit/ dein An - g'sicht wend von
2. Du bist barm - her - tzig, gnä - dig, mild/ den Sün - der nicht ver -
3. So wöl - len wir von Her - tzen grund/ danck - sa - gen dir mit

1. Hilff Gott inn di - ser b'trüb - ten zeit/ dein An - g'sicht wend
2. Du bist barm - her - tzig, gnä - dig, mild/ den Sün - der nicht
3. So wöl - len wir von Her - tzen grund/ danck - sa - gen dir

1. Hilff Gott inn di - ser b'trüb - ten zeit/ dein An - g'sicht wend
2. Du bist barm - her - tzig, gnä - dig, mild/ den Sün - der nicht
3. So wöl - len wir von Her - tzen grund/ danck - sa - gen dir

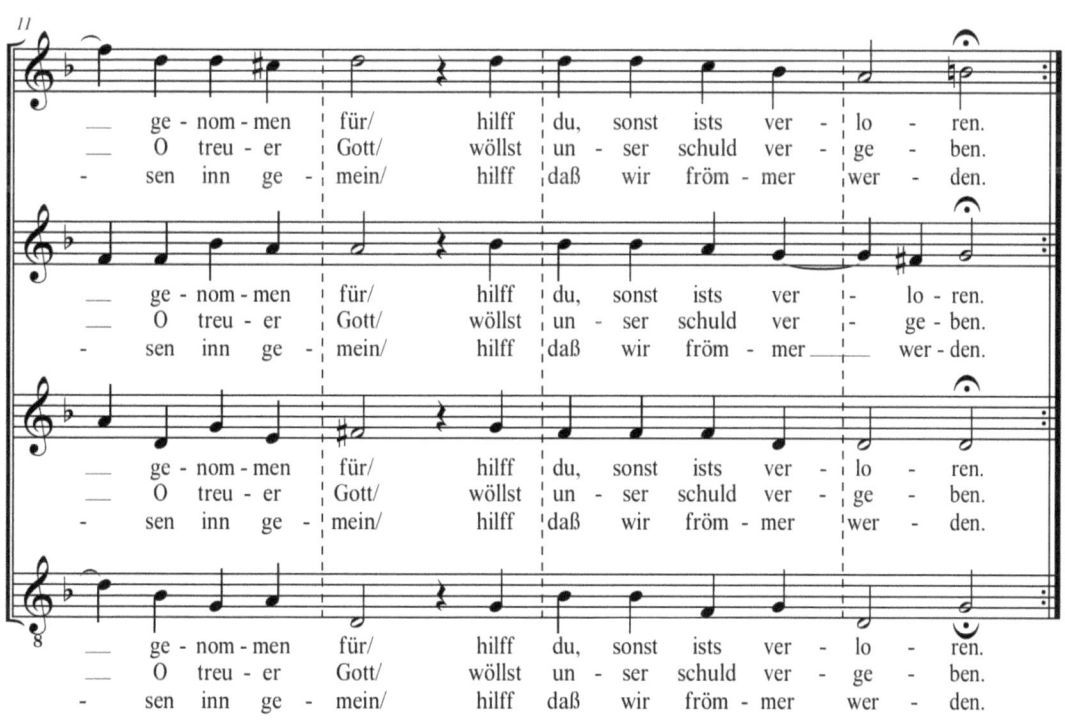

X. Kan auch wol je vergessen han

X. Kan auch wol je vergessen han

XI. Wann ich nur dich hab O Herr

XI. Wann ich nur dich hab O Herr

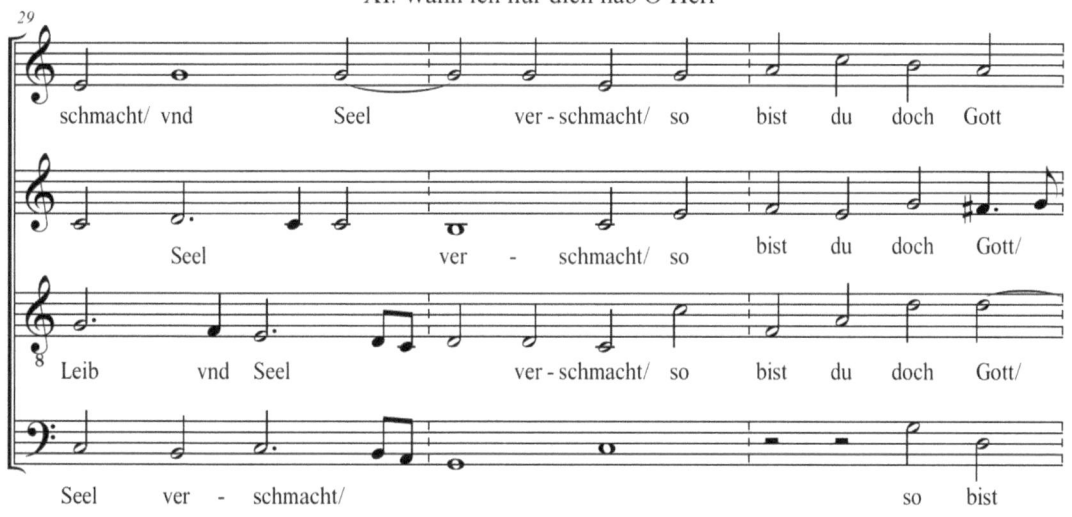

schmacht/ vnd Seel ver - schmacht/ so bist du doch Gott

Seel ver - schmacht/ so bist du doch Gott/

Leib vnd Seel ver - schmacht/ so bist du doch Gott/

Seel ver - schmacht/ so bist

al - le zeit meins Her — — — — —

so bist du doch Gott al — le zeit meins

so bist du doch Gott al - le zeit meins Her — —

du doch Gott/ so bist du doch Gott al - le zeit meins

— — — tzen trost/ vnd mein theil.

Her — — tzen trost/ vnd mein theil.

— tzen trost/ vnd mein theil.

Her - tzen trost/ vnd mein theil.

XII. AMor du hast erreget

39

40

XIII. Was Unterthan eh han gebetn

*) Die Alla-breve-Vorzeichnung steht nur im Cantus beider Teile; die anderen Stimmen zeichnen einen normalen 4/4-Takt (C) vor.

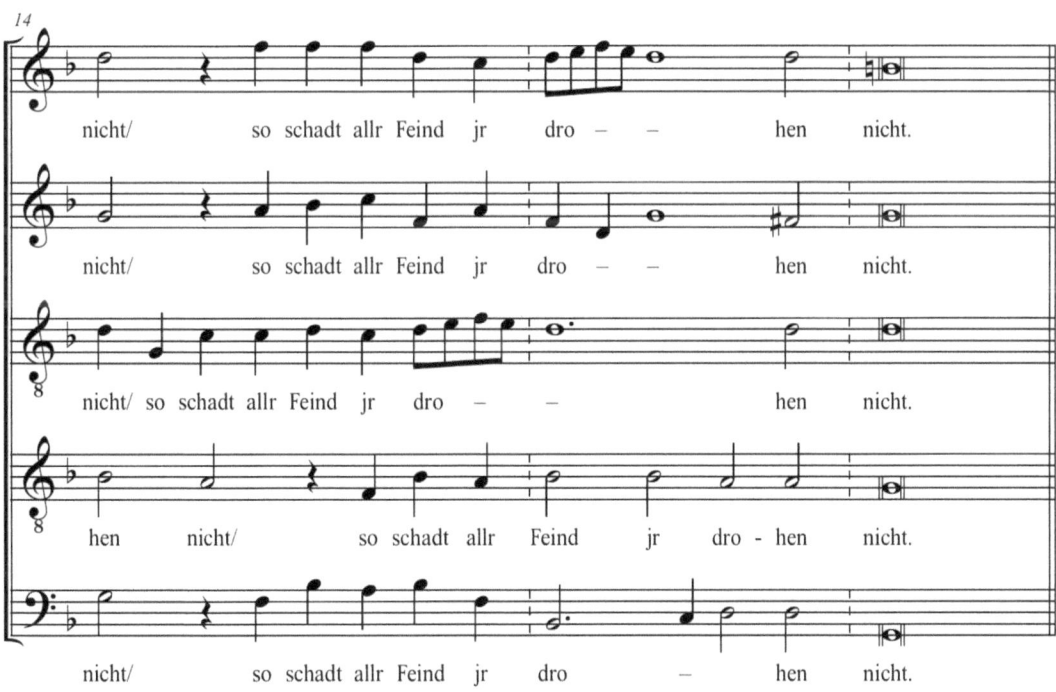

Ander Theil

XIV. Ach Winter kalt

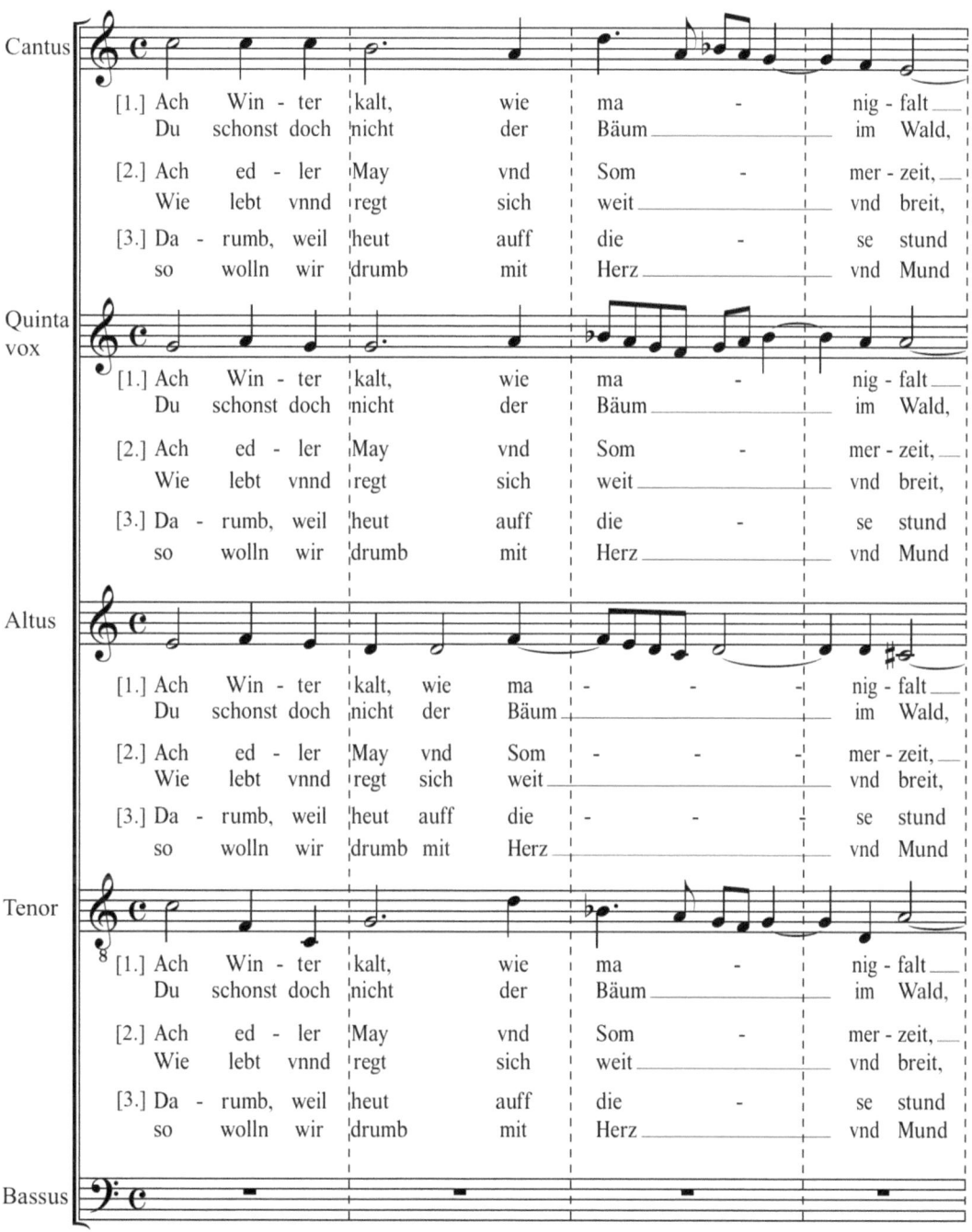

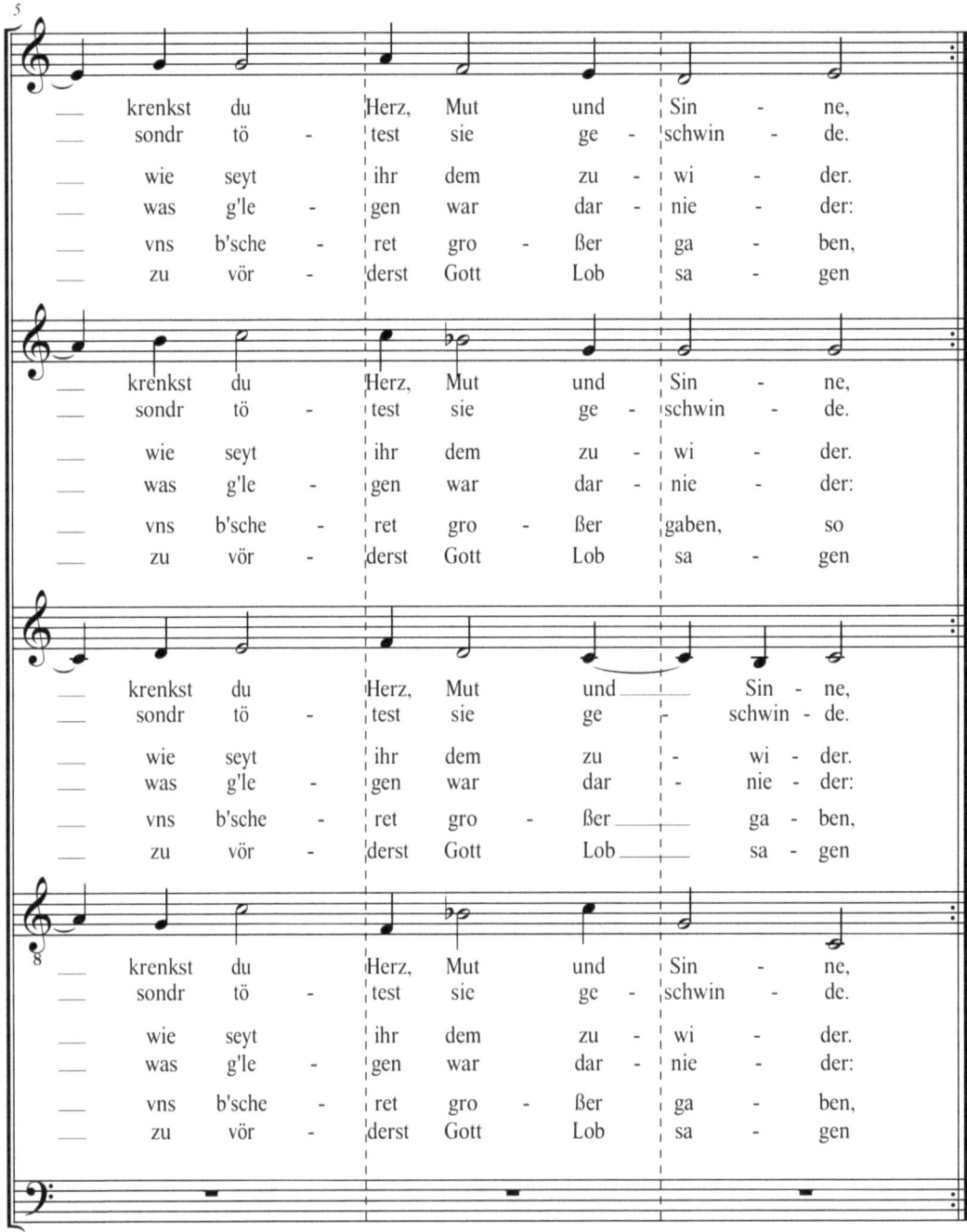

Auch der folgender Teil (Abgesang) ist in der Vorlage beiderseits mit Wiederholungszeichen versehen; doch erscheint dort eine Wiederholung wenig sinnvoll; die Zeichen sind deshalb weggelassen.

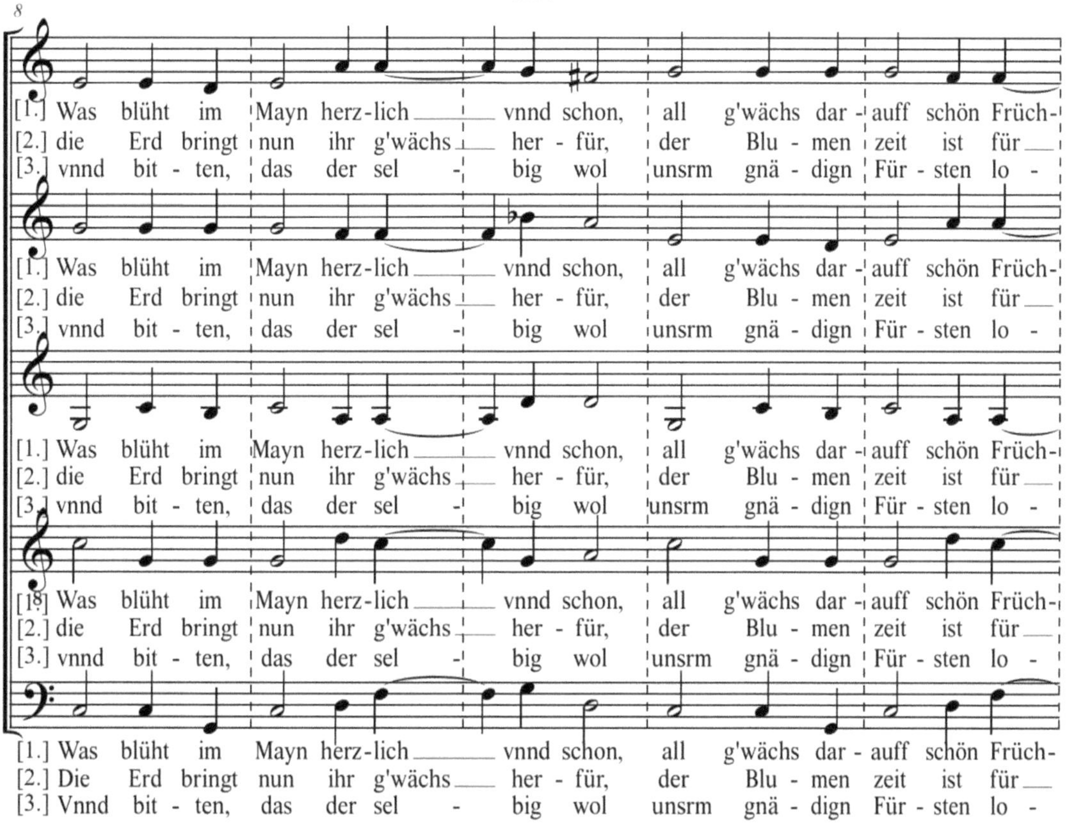

8

[1.] Was blüht im Mayn herz-lich _____ vnnd schon, all g'wächs dar-auff schön Früch-
[2.] die Erd bringt nun ihr g'wächs _____ her-für, der Blu-men zeit ist für _____
[3.] vnnd bit-ten, das der sel - big wol unsrm gnä-dign Für-sten lo-

[1.] Was blüht im Mayn herz-lich _____ vnnd schon, all g'wächs dar-auff schön Früch-
[2.] die Erd bringt nun ihr g'wächs _____ her-für, der Blu-men zeit ist für _____
[3.] vnnd bit-ten, das der sel - big wol unsrm gnä-dign Für-sten lo-

[1.] Was blüht im Mayn herz-lich _____ vnnd schon, all g'wächs dar-auff schön Früch-
[2.] die Erd bringt nun ihr g'wächs _____ her-für, der Blu-men zeit ist für _____
[3.] vnnd bit-ten, das der sel - big wol unsrm gnä-dign Für-sten lo-

[1.] Was blüht im Mayn herz-lich _____ vnnd schon, all g'wächs dar-auff schön Früch-
[2.] die Erd bringt nun ihr g'wächs _____ her-für, der Blu-men zeit ist für _____
[3.] vnnd bit-ten, das der sel - big wol unsrm gnä-dign Für-sten lo-

[1.] Was blüht im Mayn herz-lich _____ vnnd schon, all g'wächs dar-auff schön Früch-
[2.] Die Erd bringt nun ihr g'wächs _____ her-für, der Blu-men zeit ist für _____
[3.] Vnnd bit-ten, das der sel - big wol unsrm gnä-dign Für-sten lo-

13

- te stohn, thust du gantz bald zer-stö-ren; du kränkst zu gleich,
_____ der Thür, wie lieb-lich thun doch sin-gen die Vög-lein klein _____
- bens voll Re-gie-rung glück-lich ge-ben; vnnd was ihm mehr

- te stohn, thust du gantz bald zer-stö-ren; du kränkst zu gleich,
_____ der Thür, wie lieb-lich thun doch sin-gen die Vög-lein klein _____
- bens voll Re-gie-rung glück-lich ge-ben; vnnd was ihm mehr

- te stohn, thust du gantz bald zer-stö-ren; du kränkst zu gleich,
_____ der Thür, wie lieb-lich thun doch sin-gen die Vög-lein klein _____
- bens voll Re-gie-rung glück-lich ge-ben; vnnd was ihm mehr

- te stohn, thust du gantz bald zer-stö-ren; du kränkst zu gleich,
_____ der Thür, wie lieb-lich thun doch sin-gen die Vög-lein klein _____
- bens voll Re-gie-rung glück-lich ge-ben; vnnd was ihm mehr

- te stohn, thust du gantz bald zer-stö-ren; du kränkst zu gleich,
_____ der Thür, wie lieb-lich thun doch sin-gen die Vög-lein klein _____
- bens voll Re-gie-rung glück-lich ge-ben; vnnd was ihm mehr

XV. Ein treues Hertz

Cantus
Quinta
vox

1.Ein treu-es Hertz ist Eh-ren werth, ein theu-er Schatz auf Er-den;
2.Treu hab ich fun-den, so ich b'gert, treu soll ge-lei-stet wer-den;
3.Treu soll ge-wiß auch bey mir sein so lang ich hab das Le-ben;

Altus

1.Ein treu-es Hertz ist Eh-ren werth, ein theu-er Schatz auf Er-den;
2.Treu hab ich fun-den, so ich b'gert, treu soll ge-lei-stet wer-den;
3.Treu soll ge-wiß auch bey mir sein so lang ich hab das Le-ben;

Tenor
Bassus

wem sol-ches Gott der HERR be-schert, nichts bes-sers mag ihm wer-den;
weil sie von Gott mir ist be-schert zu ei-nem Trost auff Er-den,
mein aus-er-wehl-tes Lie-be-lein, Gott wöll sein Gnad vns ge-ben,

wem sol-ches Gott der HERR be-schert, nichts bes-sers mag ihm wer-den;
weil sie von Gott mir ist be-schert zu ei-nem Trost auff Er-den,
mein aus-er-wehl-tes Lie-be-lein, Gott wöll sein Gnad vns ge-ben,

sein Hertz vnnd G'müth stetts grünt vnnd blüht, mit g'dult kan alls er-tra-gen.
welch mir bey-steht zu al-ler zeit, inn trüb-sal vnd in freu-den.
daß du vnnd ich, ganz freu-dig-lich, bey-sam-men mö-gen le-ben.

sein Hertz vnnd G'müth stetts grünt vnnd blüht, mit g'dult kan alls er-tra-gen.
welch mir bey-steht zu al-ler zeit, inn trüb-sal vnd in freu-den.
daß du vnnd ich, ganz freu-dig-lich, bey-sam-men mö-gen le-ben.

mit g'dult kan alls er-tra-gen.
inn trüb-sal vnd in freu-den.
bey-sam-men mö-gen le-ben.

XVI. Ach weh, mir ist durchschossen

Cantus Quinta vox

Ach weh, mir ist durch - schos - sen, ach weh mir ist __
Nun hab ich ih - res glei - chen/ Nun hab ich ih -
Nen - nen wolt ich sie ge - ren/ Nen - nen wolt ich __
Ach Lieb wie hast vmb - ge - ben/ Ach Lieb wie hast

Altus

Ach weh, mir ist durch - schos - sen, ach weh mir ist __
Nun hab ich ih - res glei - chen/ Nun hab ich ih -
Nen - nen wolt ich sie ge - ren/ Nen - nen wolt ich __
Ach Lieb wie hast vmb - ge - ben/ Ach Lieb wie hast

Tenor Bassus

Ach weh, mir ist __
Nun hab ich ih -
Nen - nen wolt ich __
Ach Lieb wie hast

__ durch-schos - sen das jun ge Her - tze mein; vnd liegt da -
- res glei - chen/ ge-se - hen kei - ne nie/ bey Ar - men
__ sie ge - ren/ so ist es doch ohn not/ ich hab sie
__ vmb - ge - ben/ mein Hertz, auch in mir brinnt/ du bringst mich

__ durch-schos - sen das jun ge Her - tze mein; vnd liegt da -
- res glei - chen/ ge-se - hen kei - ne nie/ bey Ar - men
__ sie ge - ren/ so ists doch oh - ne not/ ich hab sie
__ vmb - ge - ben/ mein Hertz, auch in mir brinnt/ du bringst mich

__ durch-schos - sen, das jun - ge Her - tze mein; vnd liegt da -
- res glei - chen/ ge-se - hen kei - ne nie/ bey Ar - men
__ sie ge - ren/ so ists __ doch oh - ne not/ ich hab sie
__ vmb - ge - ben/ mein Hertz, __ auch in mir brinnt/ du bringst mich

Takte 6/7: Text der Quinta vox in der 3. Strophe wie im Altus und den Unterstimmen: »so ists doch oh-ne not«; der Cantus wäre anzugleichen.

XVII. Kanst du gegn mir

ist nicht der brauch, daß ich dich mehr solt lie - ben.
ist nicht der brauch/ daß ich dir solt nach-lauf - fen.
ist nicht der brauch/ daß ich dein mehr solt ach - ten.
ist nicht dein brauch/ daß du es meinst in treu - en.

ist nicht der brauch, daß ich dich mehr solt lie - ben.
ist nicht der brauch/ daß ich dir solt nach-lauf - fen.
ist nicht der brauch/ daß ich dein mehr solt ach - ten.
ist nicht dein brauch/ daß du es meinst in treu - en.

ist nicht der brauch, daß ich dich mehr solt lie - ben.
ist nicht der brauch/ daß ich dir solt nach - lauf - fen.
ist nicht der brauch/ daß ich dein mehr solt ach - ten.
ist nicht dein brauch/ daß du es meinst in treu - en.

ist nicht der brauch, daß ich dich mehr solt lie - ben.
ist nicht der brauch/ daß ich dir solt nach-lauf - fen.
ist nicht der brauch/ daß ich dein mehr solt ach - ten.
ist nicht dein brauch/ daß du es meinst in treu - en.

nicht der brauch, daß ich dich mehr solt lie - ben. (ist)
nicht der brauch/ daß ich dir solt nach - lauf - fen. (ist)
nicht der brauch/ daß ich dein mehr solt ach - ten. (ist)
nichtdein brauch/ daß du es meinst in treu - en. (ist)

»Incerti«

XVIII. Offt wünsch ich jr

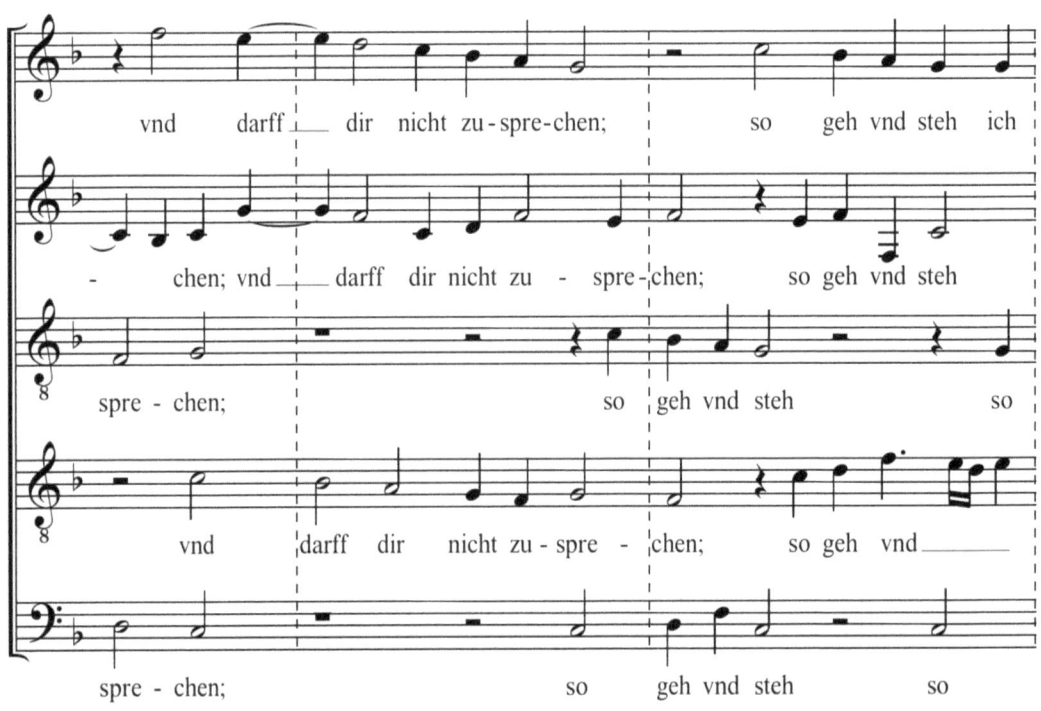

XIX. Selig ist der gepreiset

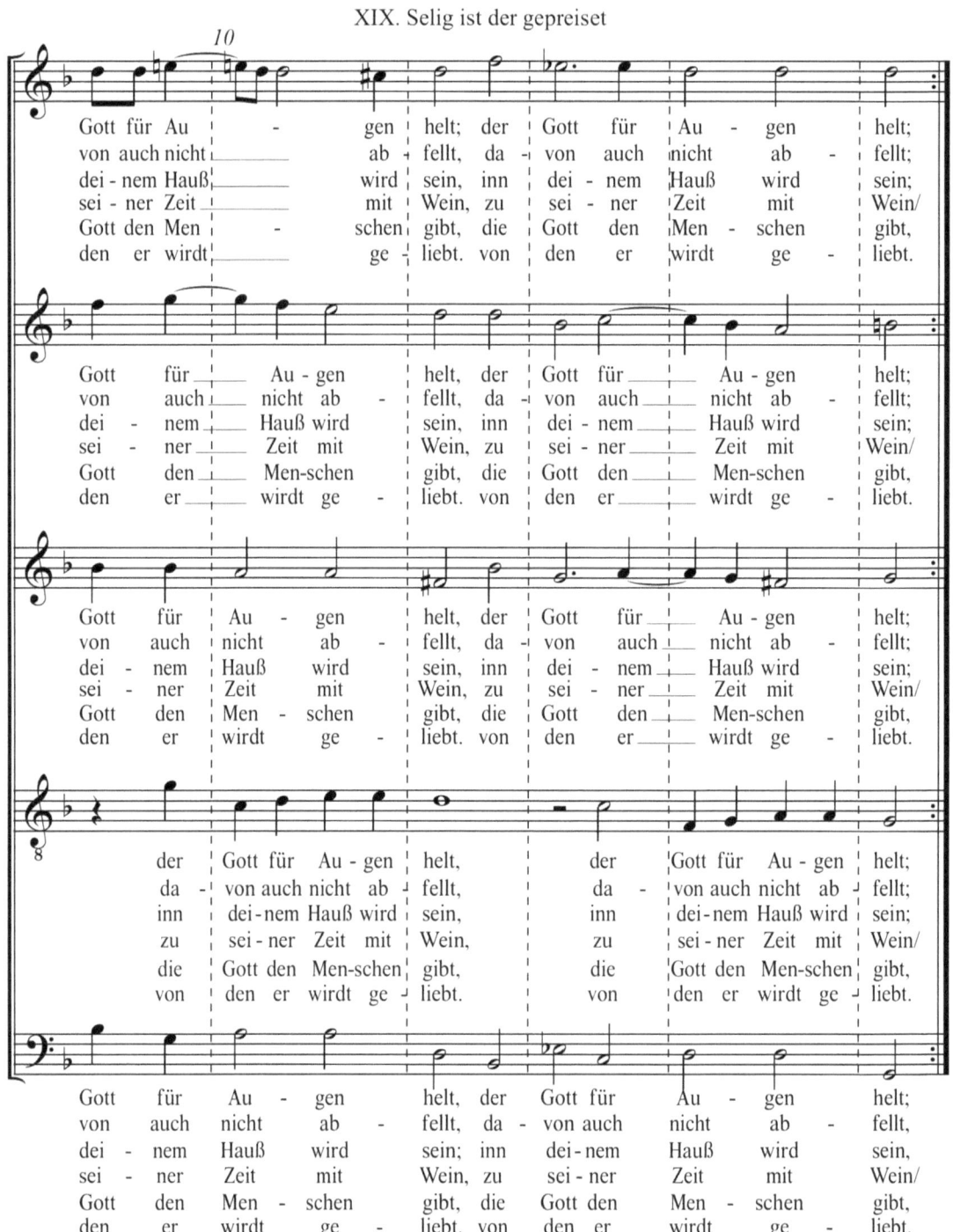

Hand,
Tisch,
Statt

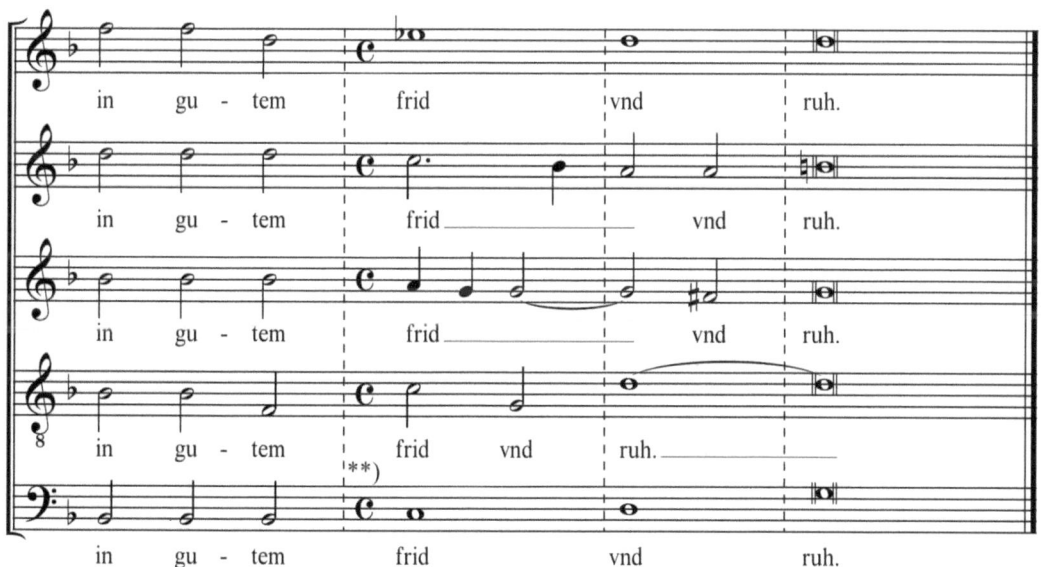

*) In der Vorlage setzt Harnisch in Takt 35 vor die Taktbezeichnung das alte Mensurzeichen für das *tempus perfectum diminutum* (Kreis, senkrecht durchstrichen); gleichzeitig verwendet er doppelt so große Notenwerte, die in der Übertragung hier bereits halbiert sind. Für die Ausführung der Übertragung bedeutet dies: Takt bleibt Takt; der 3/2-Abschnitt bildet eine feierliche "Resolutio" im Anhang der dritten Strophe. Die Synkope in Takt 38 ist mittels *color* angezeigt.
**) Im Bassus steht hier ein *alla breve*-Zeichen.

XX. So ists je besser zwey dann eins

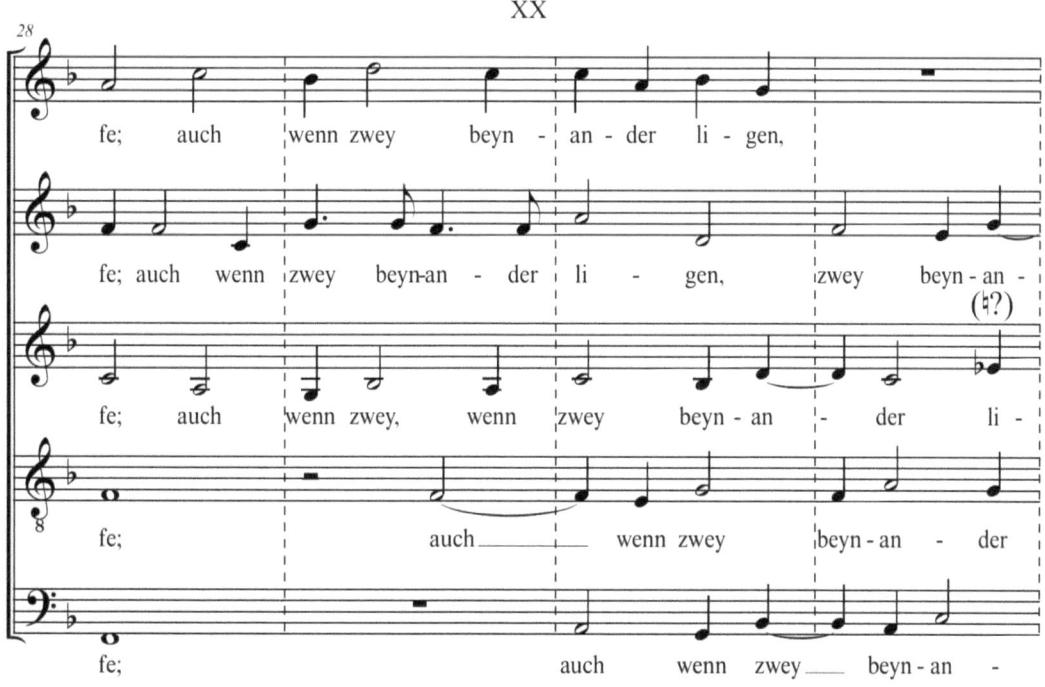

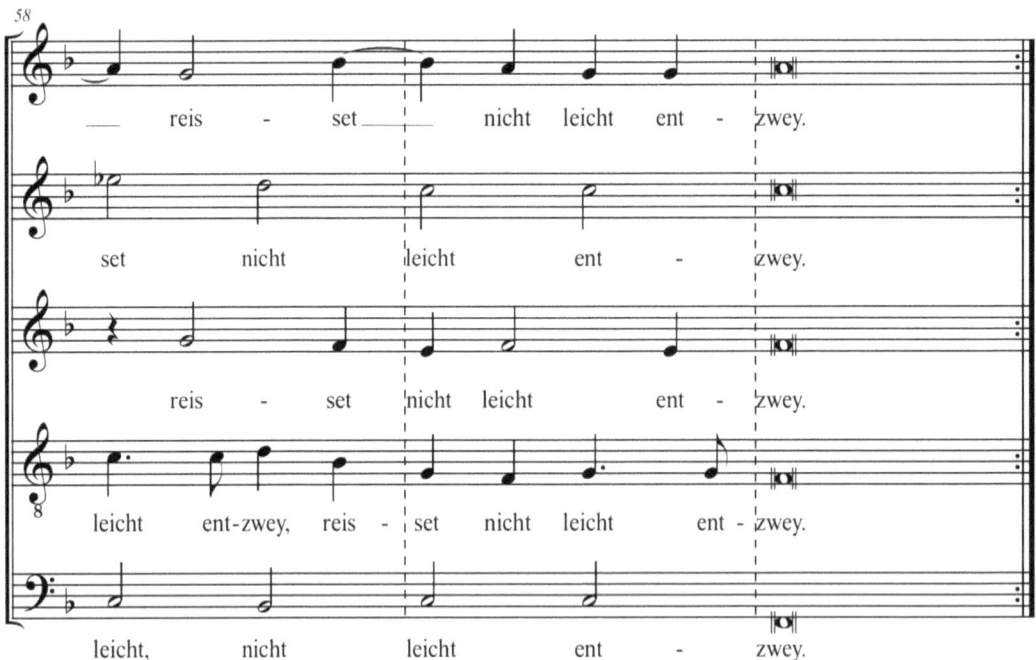

*) Die Werte in Takt 55 wurden gegenüber der Vorlage halbiert.
Die wohl nur für diesen Takt geltende Angabe "3" in der Vorlage fungiert an dieser Stelle zusätzlich zum die Triolen selbst anzeigenden *color* als Symbol, das sich in der Verkettung der drei Oberstimmen in den folgenden Takten "realisiert".

XXI. Dvlcis memoria et suavis recordatio

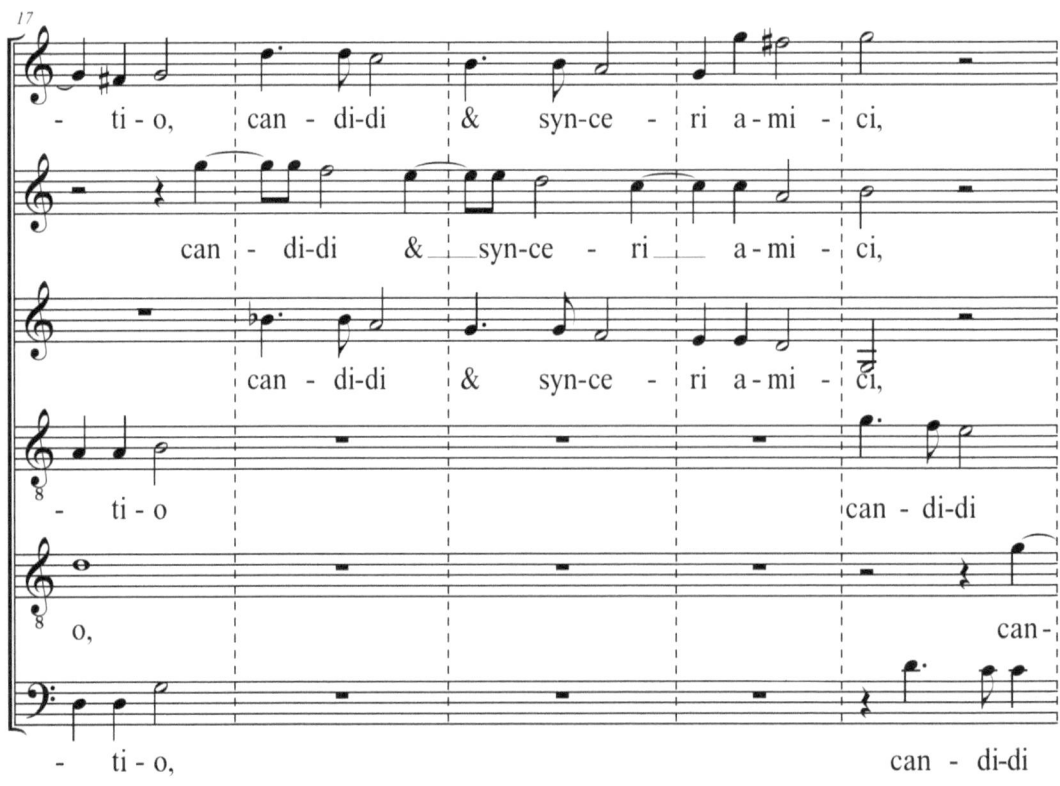

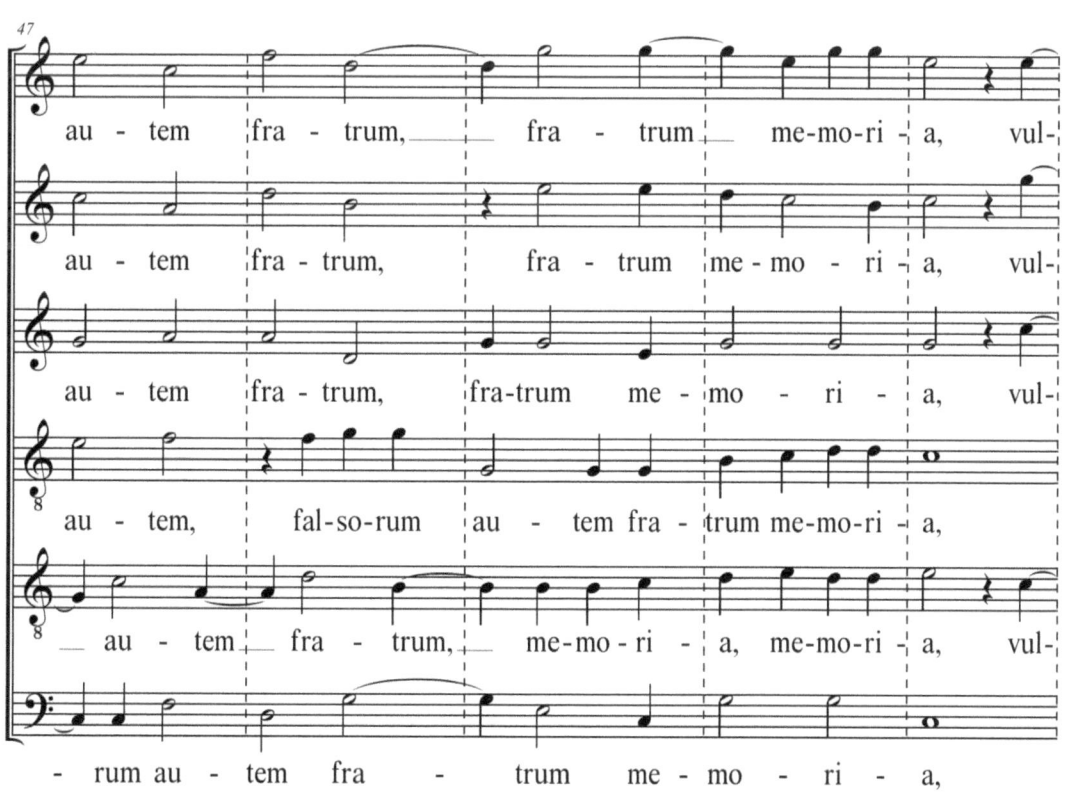

XXII. Ich stund an einem Morgen

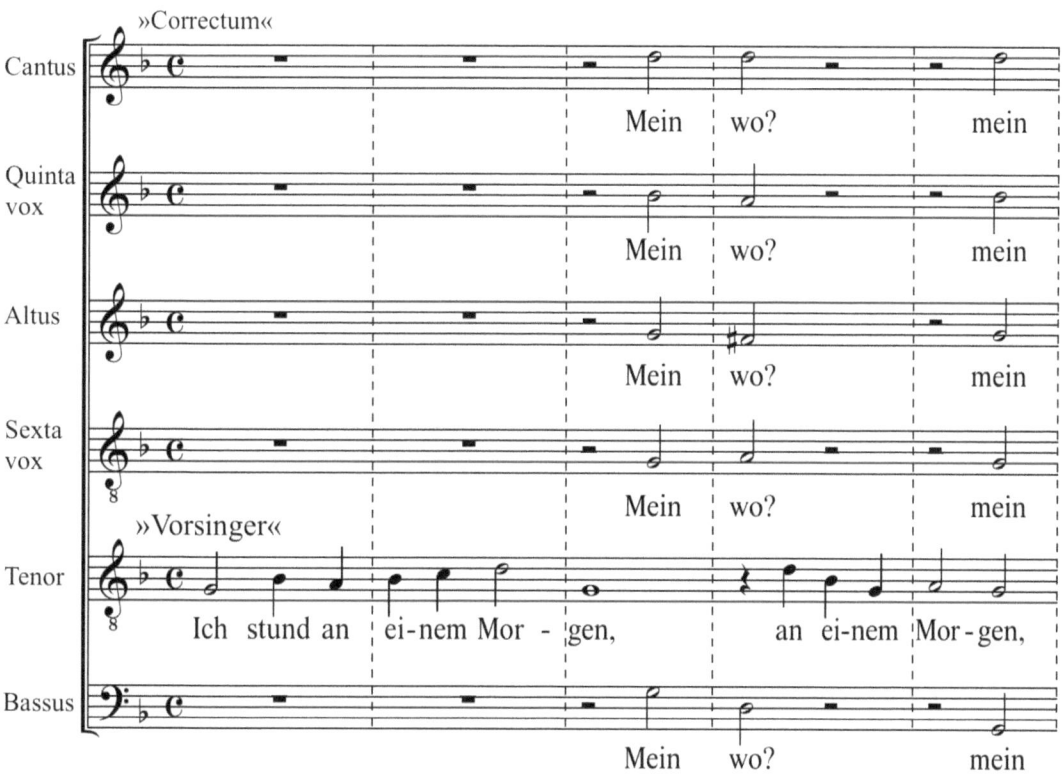

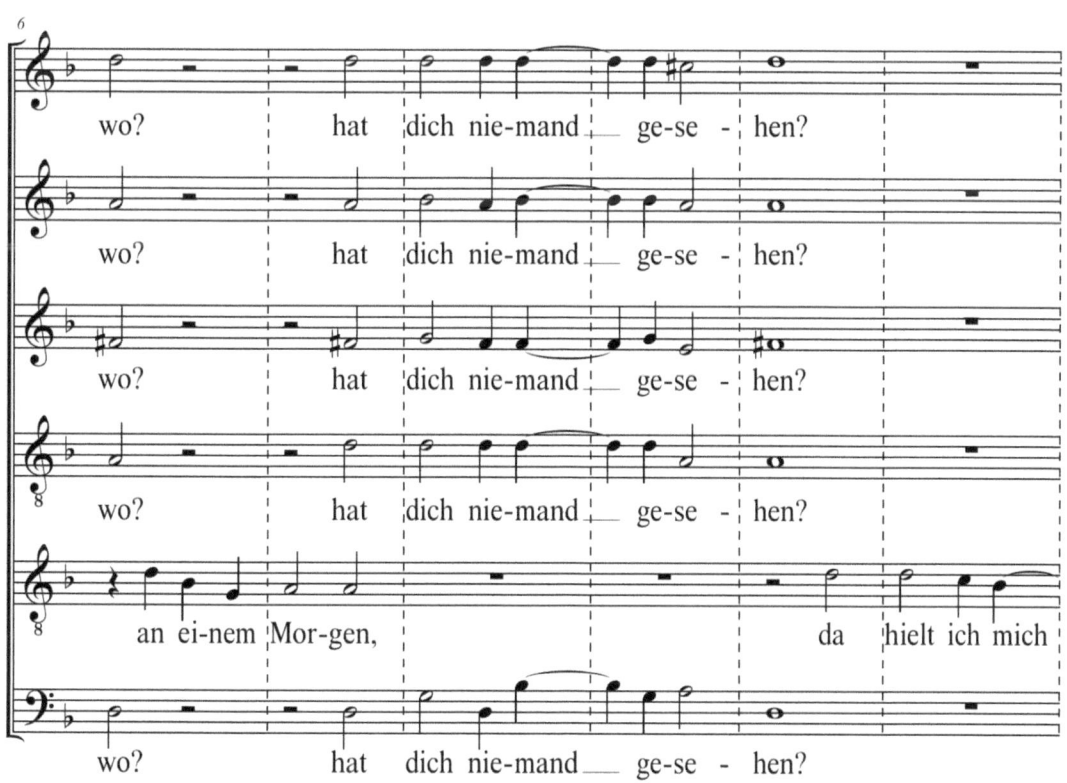

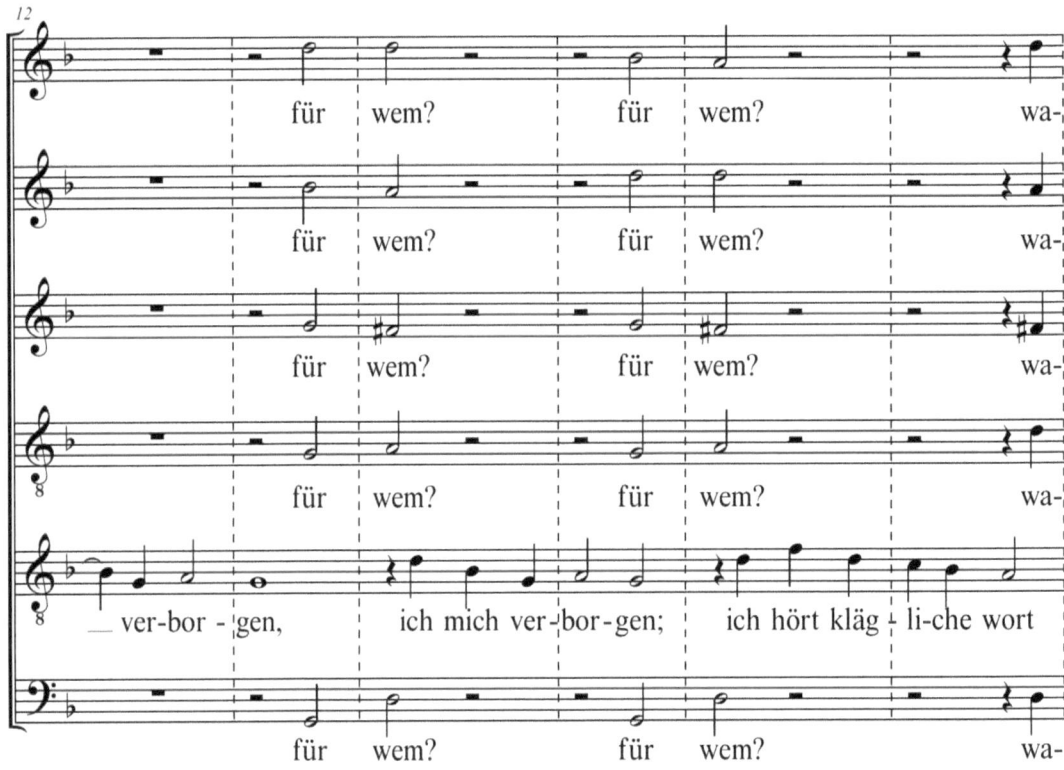

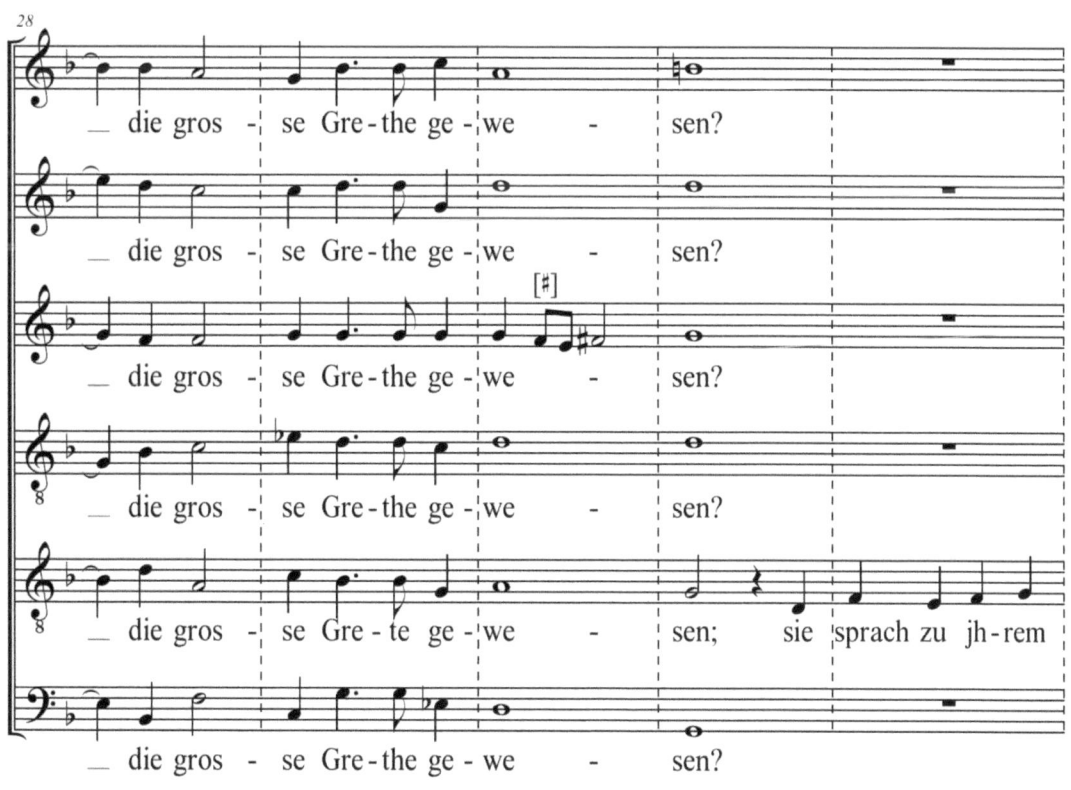

Außer dem Cantus, der *alla breve* vorzeichnet, haben alle anderen Stimmen das normale Mensurzeichen für das *tempus imperfectum* vorgezeichnet (heute analog dem 4/4-Takt). Die Bemerkung
"Correctum" tragen alle Stimmen.

XXIII. Echo, bist du da?

o, i o, i o; las - set vns frisch vnd frö - lich

i - o, i - o, i - o,

sein, las - set vns sin - gen,

vnd trin-cken den gu - ten kü - len Wein;
Lob - sin - gen auch Gott, dem Her - ren fein,

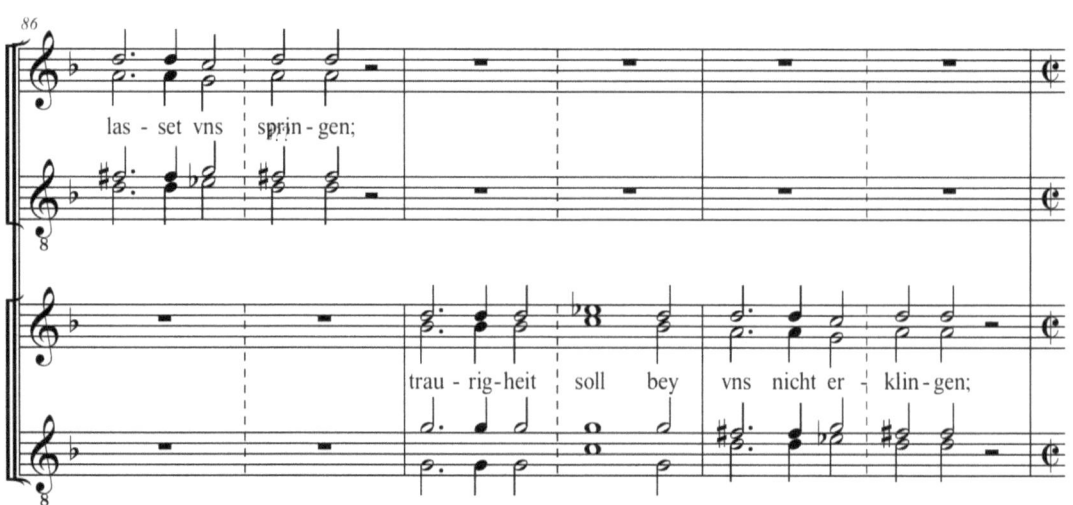

las - set vns sprin - gen;

trau - rig-heit soll bey vns nicht er - klin - gen;

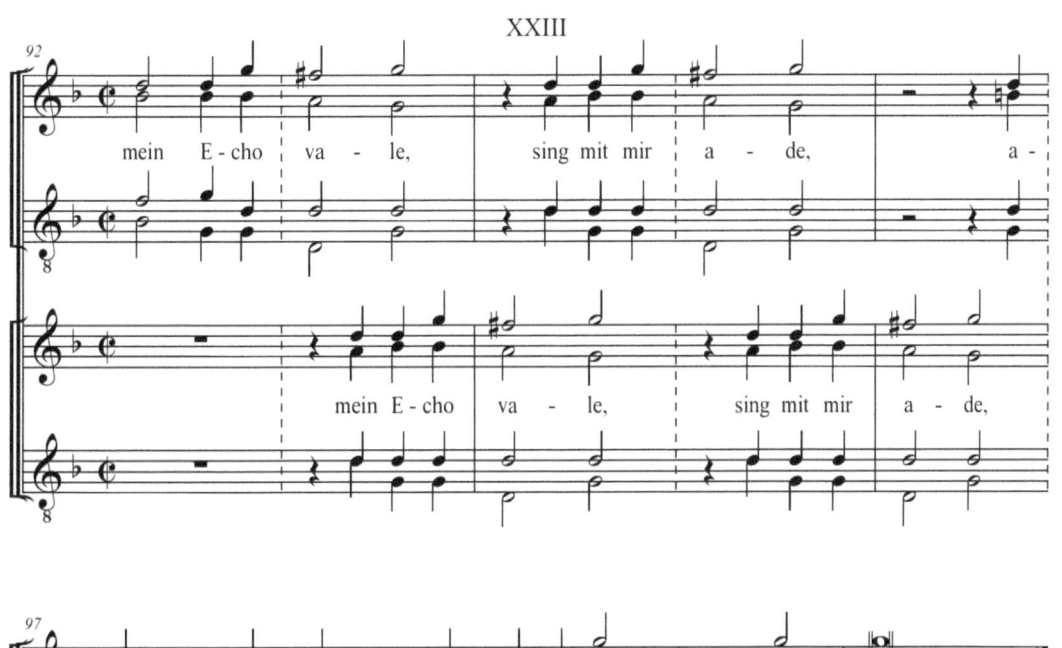

mein E - cho va - le,   sing mit mir   a - de,   a-

mein E - cho va - le,   sing mit mir   a - de,

de,   a - de,   a - de, a - de,   a - de.

a - de,   a - de,   a - de, a - de.

F I N I S.

Bericht zur vorliegenden Dokumentation

Die notenmäßige Notierung des *Hortulus* im Druck von 1604 ist relativ unproblematisch; Harnisch orientiert sich in Einigem noch an einer späten, sog. weißen Mensuralnotation, die auch dunkel kolorierte Noten verwendet und an einzelnen Stellen mit selbstverständlicher Imperfection umgeht. Doch verwenden alle „regulären" Partien durchgehend kaudierte Notenformen.

Es gibt in der Vorlage prinzipiell noch keine Taktstriche. Die verwendeten Wiederholungszeichen sind stets – auch an Schlüssen – zweiseitig; offensichtlich standen dem Drucker nur solche als Lettern zur Verfügung. Eine Besonderheit, im Zusammenhang stets mit einem Schlusswiederholungszeichen, zeigen die Sätze 2, 4, 6, 9, 15, 16, 17, 20 sowie der „Ander Theil" der Gratulatio (13): eine Art *signum congruentiae*, gepaart mit einem Vertikalstrich davor, stets am Beginn der musikalisch-strukturell letzten Zeile. Dieses Zeichen steht sicher in Zusammenhang mit der Villanellen- und Kanzonettenform, der die entsprechenden Texte gem. Hiekel gehorchen. In dieser werden „meistentheils die erste und letzte Reye repetirt, die mittelste aber nicht" (Praetorius, Synt. III). Möglicherweise um Missverständnisse (durch das nur doppelseitig zur Verfügung stehende Wiederholungszeichen) am Ende der „ersten Reye" auszuschließen, setzt der Drucker am Beginn der sozusagen letzten (musikalischen) Zeile das o. a. Signum und trennt das Vorhergehende durch einen Vertikalstrich ab. Damit genügen Harnisch und der Drucker der damals beliebten Form, die Schlusszeile zur Bekräftigung zu wiederholen, was aber – nebenbei gesagt – vom Inhalt der letzten Textzeile und/oder von der musikalischen Konstruktion derselben manchmal überflüssig erscheint, da diese nicht in allen Fällen resultierende Refrainqualität aufweist. In der vorliegenden Dokumentation wurde dieses Zeichen durchgehend durch ein reguläres Wiederholungszeichen ersetzt.

Ein besonderes Problem bilden die Versetzungszeichen. Harnisch setzt sie oft aus der Bewegung der einzelnen Stimme, nicht aber schon aus einer „konsequenten" harmonischen Folge heraus. Dort, wo solche Setzung unserem heutigen Empfinden evtl. nicht entspricht, habe ich über oder vor die Note ein Versetzungszeichen in eckigen Klammern als Vorschlag des Herausgebers eingefügt; allerdings ginge bei Korrektur manchen Stimmverlaufs zugunsten „reiner" Klänge ein wenig das altertümlich Fremdartige der Sätze verloren. Versetzungszeichen in runden Klammern stellen dagegen „Erinnerungen" dar; Querstände sind bei Harnisch keine Seltenheit. Durch die Taktstrichsetzung notwendig gewordene Haltebögen sind hier stillschweigend eingesetzt. Auf den Zusatz von Bindebögen wurde dagegen der Klarheit des Notenbildes wegen verzichtet.

Die 23 Entwürfe für ein Singen, die Harnisch in seinem *Hortulus Lieblicher lustiger und höflicher Teutscher Lieder* von 1604 vorgelegt hat, weisen die in der Einführung angesprochene Mischung der Stimmbesetzung auf:

Titel	Text-Einordnung nach Hiekel, 64	Schlüsselung im Original	Stimmumfänge
1. O Gott, wir dancken deiner güt	Kationalmotette → Zahn III, Nr. 4493 b	S A T B	c'-c'' a-g' d-d' G-a
2. Hertzlich thut mich erfreuen	Kanzonette	S A T B	c'-c'' g-g' d-d' E-g
3. Mein Hertz vnd G'müt ist gar in Lieb entzündt	Villanelle	S A T B	d'-b' a-f' f-es' F-g
4. O vnbarmhertzigs Feur	Villanelle	Vio Vio MS T	g'-g'' f'-f'' d'-a' cis-es'
5. Ich gieng mir nechten Abend spat	Kanzonette	Vio MS T B	fis'-g'' c'-c'' c-f' G-b
6. Freundlicher Helt, dich hat erwehlt	Villanelle	Vio Vio MS A	a'-f'' g'-f'' d'-b' f-g'
7. Hanns mein, was trägst du in dem Sack	Madrigal	Vio S MS T	fis'-g'' c'-e'' g-a' A-f'
8. Er setzt das Gläslein an den Mund	Kanzonette [Trinkspruch]	S A T B	cis'-c'' a-f' d-d' G-a
9. Hilff, Gott, inn diser b'trübten zeit	Kationalmotette Melodie von Harnisch? (Hiekel, 65)	Vio MS T Bar	a'-g'' d'c'' c'-a' d-d'
10. Kan auch wol je vergessen han	Kationalmotette nach Jes. 49, 15-16	S MS T B	d'-f'' a-b' d-f' F-b

11. Wann ich nur dich hab, o Herr	Psalmmotette Ps. 73, 25-26	S A T B	d'-e'' g-a' c-e' G-a
12. Amor, du hast erreget in mir ein große Flamm	Madrigal	S S*[18] A T B	e'-d'' c'-e'' a-a' d-e' F-b
13. Was Unterthan eh han gebetn / Ander Theil	Spruchmotette [Gratulatio für „Philip Sigmund"]	Vio S A* A Bar	a'-g'' e'-d'' / d'-d'' f-g' / f-a' f-f' / f-g' G-c'
14. Ach Winter kalt	Villanelle	S S* A T B	c'-d'' d'-c'' g-f' c-d' E-g
15. Ein treues Hertz ist Eh-ren werth	Villanelle	Vio Vio* MS A Bar	a'-g'' g'-a'' d'-b' g-g' c-c'
16. Ach weh, mir ist durch-schossen	Villanelle	S S* A T B	g'-es'' f'-es'' f-g' f-es' F-g
17. Kanst du gegn mir so grosse falschheit üben	Villanelle	S S* A T B	f'-d'' c'-b' a-f' e-c' F-g
18. Offt wünsch ich ihr	„Incerti" (= Nicht von Har-nisch?)	S A T* T B	c'-f'' f-a' d-f' c-f' F-b
19. Selig ist der gepreiset	Choralmotette Zahn III, Nr. 5360 T: Lobwasser (Ps. 128, 1-6) M: J. Eccard	Vio Vio* MS A Bar	g'-g'' a'-g'' d'-c'' f-g' G-c'

---

[18] Ab hier: * = Quinta vox; ** = Sexta vox.

20. So ists je besser zwey dann eins	Spruchmotette Pred. Salomo 4, 9-12	S S* A T B	e'-f'' e'-es'' f-g' c-es' F-g
21. Dulcis memoria et sua-vis recordatio á 6	Madrigal	Vio Vio* MS A** A Bar	fis'-g'' fis'-g'' g-c'' g-a' g-a' G-d'
22. Ich stund an einem Morgen á 6	Madrigal	S S* A T** T B	g'-f'' g'-es'' d'-a' g-f' d-d' G-b
23. Echo, hoho, bist du da? á 8	Madrigal	I: Vio, MS, T, T II: Vio, MS, A, T[19]	a'-g'' c'-c'' b-a' B-f'	(In beiden Chören gleich)

Die Schlüsselung richtet sich in der Regel nach dem jeweiligen Stimmumfang. Violinschlüssel (= Vio) verwendet Harnisch dort, wo die Oberstimme *e''* über-schreitet. Ansonsten überwiegen Sopran-, Mezzosopran-, Alt- und Tenor-schlüssel (S, MS, A und T) als C-Schlüssel; der Baritonschlüssel (Bar) erscheint nur als F-Schlüssel, wie er für den Bassus selbstverständlich ist.

Abweichungen vom Text der Vorlage sind in der Edition bei den einzelnen Sätzen selbst angemerkt. Das zeitübliche „v" für „u" wurde im Titelwort „Hortvlvs" stillschweigend durch „u" ersetzt.

---

[19] Stimmbuchverteilung: **Cantus**: Cantus + Altus des 1. Chores; **Altus**: Altus des 2. Chores; **Tenor**: Tenor + Bassus des 2. Chores; **Bassus**: Bassus + Tenor des 1. Chores; **5/6. Vox**: Cantus des 2. Chores.

Hinweise zu angesprochenen Schriften

Apfel, Ernst, *Geschichte der Kompositionslehre. Von den Anfängen bis gegen 1700*, Bde I-III, Wilhelmshaven 1981

Bösken, Franz, *Musikgeschichte der Stadt Osnabrück* (= Freiburger Studien zur Musikwissenschaft, Bd. V), Regensburg 1937

Hiekel, Hans-Otto, *Otto Siegfried Harnisch. Leben und Kompositionen. Ein Beitrag zur Geschichte des deutschen Chorliedes in Niedersachsen um 1600*, Diss. (Uni Hamburg) 1958, mschr. (MGG[20] alt hat falsche Jahreszahl „1956", korr. in Suppl., Sp. 597.)

Hiekel, Hans-Otto, Art. *Harnisch*, MGG (alt und neu)

Runge, Friedrich, *Geschichte des Ratsgymnasiums zu Osnabrück* [1895], wieder abgedruckt in: *400 Jahre Ratsgymnasium Osnabrück*, hrsg. v. Uwe Schipper, Bramsche [1995], S. 19-144

Tielemann, Marie, *Philipp Sigismund, Fürstbischof von Osnabrück und Verden, in seiner kulturellen Wirksamkeit (1586-1623)*, in Osnabrücker Mitteilungen..., 78. Band, Osnabrück 1971, S. 81-94

Ströbel, Dietmar, *Notizen zur Hofmusik des Osnabrücker Bischofs Philipp Sigismund (1591-1623). Anmerkungen zu Kompositionen von Nikolaus Zangius, Ott Siegfried Harnisch und Daniel Selich (Selichius)*, Norderstedt 2021

Ströbel, Dietmar, *Seinen Glauben selber singen. Zur Entwicklung des Singens als evangelisches Glaubenslied zwischen Reformation und Aufklärung*, Norderstedt 2017

Vetter, Walther, *Das Frühdeutsche Lied. Ausgewählte Kapitel aus der Entwicklungsgeschichte und Aesthetik des ein- und mehrstimmigen deutschen Kunstliedes im 17. Jahrhundert*, Münster 1928, 2 Bde (je ein Text- und „Liederband"); im 2. Band die Stücke II, IV und V aus dem *Hortulus*.

---

[20] MGG = *Die Musik in Geschichte und Gegenwart: allgemeine Enzyklopädie der Musik,* hrsg. v. Fr. Blume, 17 Bde, Kassel etc. 1949-1986 (= MGGalt); 2., neubearbeitete Auflage: *Die Musik in Geschichte und Gegenwart,* hrsg. v. L. Finscher, 26 Bde, Kassel etc. 1994-2008 (= MGGneu)